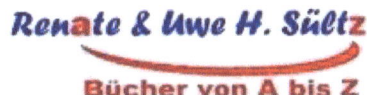

Renate & Uwe H. Sültz
Bücher von A bis Z

R.G.WARDENGA

Tagebuch für Tonbandstimmen, Radiostimmen & Interdimensionale Transkommunikation

Paranormale Phänomene

AF285116

R.G.WARDENGA

Paranormale Phänomene

BoD - Books on Demand
Norderstedt 2021

Bibliografische Information durch die Deutsche Nationalbibliothek
Die Deutsche Nationalbibliothek verzeichnet diese Publikation in der
Deutschen Nationalbibliografie; detaillierte bibliografische Daten
sind im Internet über http://dnb.dnb.de abrufbar.

I'LL

BE

BACK

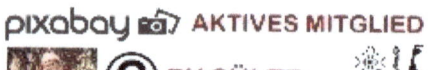

pixabay AKTIVES MITGLIED

© BY SÜLTZ
Sültz Bücher

AKTIVES MITGLIED
UND FÖRDERER
WIKIMEDIA
Sültz Books

© Renate & Uwe H. Sültz
Herstellung und Verlag BoD
BOOKS ON DEMAND
BoD – Books on Demand, Norderstedt
ISBN 9-78375-2-68361-5

Vorwort - Erklärung zur Paranormalität - Geisterjäger werden - Equipment
von Uwe Heinz Sültz

Paranormalität bezeichnet etwas nicht auf natürliche Weise Erklärbares oder Übersinnliches. Viele Menschen, auch Tiere, etwa Hunde, haben paranormale Phänomene erlebt und können diese Erlebnisse vielleicht nicht erklären oder nicht ganz deuten. Es macht aber auch eventuell Angst oder es beruhigt und gibt endlich den herbeigesehnten Frieden. Jeder, der Erfahrungen im Übersinnlichen Bereich gemacht hat, versucht es nach eigenen Überlegungen zu deuten. Ganz bestimmt wird es Menschen geben, die meinen etwas gesehen zu haben. Es wird Menschen geben, die sich in den Mittelpunkt bringen wollen, etwa bei TV-Produktionen. Es wird Menschen geben, die durch den Verlust eines nahestehenden oder geliebten Menschen Erscheinungen sehen. Auf jeden Fall sollte doch versucht werden, Übersinnliches und Normales, Nichterklärbares und Logisches, zusammenzubringen. Wenigstens sollte es versucht werden, um die ganze Angelegenheit nicht zu naiv zu sehen oder gar Scharlatanen auf den Leim zu gehen. Wir sehen also, Paranormalität ist ein schmaler Weg.

Bei mir begann alles, nachdem geliebte Familienmitglieder zwischen meinem 16'ten und 18'ten Lebensjahren gestorben sind. Mit 18 Jahren eröffnete ich meine erste Gruppe. Wir wollten damals nur über DAS LEBEN, DAS LEBEN NACH DEM TOD, AUßERIRDISCHE und über DAS WELTALL diskutieren. Es war 1978. Ein Gruppenmitglied, Margarete Zöllner, 73 Jahre zum damaligen Zeitpunkt, hat das Buch „Sprechfunk mit Verstorbenen" gelesen. Sie warf zum ersten Mal das Wort „Tonbandstimmen" in die Runde. Ihr Ehemann ist zwei Jahre zuvor gestorben. Wir waren alle Suchende.

Info: (Wikipedia, ich bin aktives Mitglied und Förderer)
Der Begriff „Tonbandstimmen" geht auf den schwedischen Kunstmaler und Opernsänger Friedrich Jürgenson zurück, der im Jahr 1959 mit seinem Tonbandgerät Aufnahmen von Vogelstimmen anfertigte und nach mehrmaligem Anhören der Bänder glaubte, neben den Vögeln auch Stimmen zu hören, welche ihn persönlich ansprachen („Friedrich, du wirst beobachtet") und Dinge sagten, von denen nur er selbst wissen konnte. Er widmete sich seit dieser Erfahrung völlig der Erforschung dieses Phänomens. Im Jahr 1967 veröffentlichte er sein Buch Sprechfunk mit Verstorbenen und machte damit auch den Begriff „Stimmen aus dem Jenseits" publik.

Jürgenson war zeit seines Lebens darum bemüht, seine Entdeckung aus wissenschaftlicher Sicht untersuchen zu lassen. Hierzu führte er Gespräche mit Rundfunktechnikern, genauso wie mit Physikern und Psychologen. So ließ etwa das Parapsychologische Institut der Universität Freiburg unter der Leitung von Hans Bender in Zusammenarbeit mit Jürgenson in den Jahren 1964 und 1970 Untersuchungen durchführen, welche die Existenz des Phänomens zwar grundsätzlich bestätigten, die jedoch nicht weitergeführt wurden, da die erzielten Ergebnisse den strengen Anforderungen der verwendeten Analyseverfahren nicht genügten.

Auch der lettische Schriftsteller Konstantin Raudive (1909–1974) beschäftigte sich langjährig mit den Tonbandstimmen. 1968 erschien sein Buch Unhörbares wird hörbar. Raudive war wie Jürgenson bestrebt, das Phänomen unter wissenschaftlich kontrollierten Bedingungen zu beweisen. Dieses gelang ihm mit der Mikrofonmethode im März 1971 durch die Einspielung von Stimmen in einem Faradayschen Käfig im abgeschirmten Laboratorium der Firma Belling & Lee Ltd/London. Skeptiker bezweifeln die Aussagekraft dieser frühen Untersuchungen, weil unklar sei, ob geeignete Vorkehrungen getroffen wurden, um Einflüsse auszuschließen. Ernst Senkowski (Mainz), Pfarrer Leo Schmid (Oeschgen/CH) und Ing. Seidl (Wien) sind, bzw. waren, weitere Experimentatoren, die sich intensiv mit dem Phänomen auseinandersetzten.

Der Wiener Physiker Johannes Hagel (Zeitschrift für Anomalistik 1+2/2002) vermutet infolge seiner Experimente zur Frage der systemerhaltenden Rolle von Zufallsprozessen in maschinellen Systemen, dass jemand, der Tonbandstimmen einspielt, sich mit komplexen Zufallsprozessen in seiner unmittelbaren Umgebung in Verbindung setzt. Diese Zufallsprozesse würden durch den Vorgang der Einspielung das Zustandekommen von sprachähnlichen oder sprachartigen, akustischen Sequenzen bewirken, deren Bedeutung (bezugnehmende Aussagen) einer Einwirkung auf die einspielende Person entsprächen. Hagel betont, dass über diese Phänomenologie hinaus immer noch ein großer Erklärungsbedarf bleibe, insbesondere hinsichtlich des Mechanismus dieser akausalen Korrelation. ...

Bereits 1978/79 gab es Gruppen, die mit einfachen Compact Cassetten Recordern auf „Stimmenfang" gingen. Ich war damals in der Ausbildung zum Radio- und Fernsehtechniker. Für mich gab es nur qualitativ hochwertige Geräte von ELAC, NAKAMICHI, usw.

Nun gut, unser erstes Treffen fand in Selm statt. Frau Zöllner und ich wurden eigeladen, Frau Zöllner stellte den Kontakt her. Ich hielt mich etwas im Schatten von Frau Zöllner. Sie erwarb, wie von der Gruppe bevorzugt, einen Recorder von GRUNDIG (Serie 400, Jahrgang 1976/77, eingebautes Elektret-Kondensator-Mikrofon, Tragegriff, Batteriebetrieb/Netz und mit Aufnahme Automatik). Die Kontaktaufnahme wurde vorbereitet:

Alle stellten ihre Recorder ein... der Gruppenleiter stellte eine Frage (Name jetzt frei erfunden): „Herbert, wenn Du uns hören kannst, so gib uns ein Zeichen."

Weitere Fragen wurden gestellt. Zeit verging, alle waren ganz still.

Danach beendete man mit einer Danksagung die Kontaktaufnahme. Die Cassette wurde zurückgespult und gestartet. Auf maximaler Lautstärke war ein Rauschen zu hören. Dann Geräusche... immer wieder wurde versucht zu analysieren. Ich hatte oft das Gefühl, dass der Gruppenleiter uns Worte in die Ohren legen wollte und es nach seiner Vorstellung zu interpretieren versuchte. Ich hatte Einwände: Der Recorder nahm über das eingebaute Mikrofon Signale automatisch auf. Das bedeutet, dass die Technik des Recorders meint, bei Stille regle ich, also der Recorder, hoch, denn da muss doch was sein. So war es auch. Auf meinen hochwertigen Geräten, mit Equalizern, Oszillographen, usw. hörte ich ein Türzuschlagen und ein Auto. Beim nächsten Treffen nahm ich meine Geräte mit. Der Unterschied war der, dass ich HiFi Geräte zum Einsatz brachte. Ein Frequenzbereich von 20 Hz bis 20000 Hz. Die Grundig-Geräte schafften 10000 Hz. ... ...
Ich nahm nicht einmal ein Rauschen auf.

Ich sollte nicht mehr wieder kommen, ich wollte schon...

Im Nachhinein meine ich, dass ich falsch gelegen habe. Warum? Ich habe damals noch zu wenige Informationen von dieser Materie gehabt und alles nur technisch gesehen. Da war z.B. das Rauschen. Zunächst einmal das Bandrauschen. Magnetband war eines der ersten Formate, mit denen die Leute zu Hause problemlos Sprache oder Musik aufnehmen konnten. Leider war eines der größten Probleme bei Kassetten, die das Magnetbandformat verwenden, ihre Neigung, ein deutliches Rauschen zu erzeugen. Bandrauschen ist das Hochfrequenzrauschen, das bei analogen Magnetbandaufnahmen auftritt und durch die Größe der zur Herstellung des Bandes verwendeten Magnetpartikel verursacht wird.

In den 1960'er Jahren erfanden Dolby Laboratories ein komplexes System zur Reduzierung dieses Rauschens, das es dem Kassettenmedium ermöglichte, tolerierbare (wenn auch nicht ganz originalgetreue) Musikwiedergaben zu machen. Dank Dolby wurde die Kassette bis zur Veröffentlichung des CD-Players zum beliebtesten Medium. Auch dank Dolby wurde das Bandrauschen minimiert. Das bedeutete wiederum, dass ich mit meinen teuren Recordern überhaupt nichts ausrichten konnte. Dolby unterdrückte das Rauschen und somit auch Signale, die ich gern gehört hätte.

Nun möchte ich im Kassettenrecorder-Bereich das bestmöglichste Gerät. Meine ELAC 400/500/520/700/1000 Geräte brachte ich zum Einsatz. Der ELAC 400 hatte kein DOLBY, aber einen Limiter-Schalter, also einen Begrenzer. D.h., dass ich ein hochwertiges Mikrofon angeschlossen habe, die Aufnahme-Regler voll aufdrehen konnte und durch die LIMITER-Begrenzung die eingebaute Elektronik das Aufnahmesignal reduzierte, ohne zu verzerren... es war nicht DIE Lösung. HiFi, also mindestens bis 12500 Hz sollte ein Recorder schon aufnehmen, tragbar sollte er auch sein. Für mich fand ich den idealen Recorder im BASF 9220:

Dieser Recorder hat ein eingebautes Mikrofon, war tragbar, ein externes Mikrofon lässt sich anschließen, Strom/Batterie-Betrieb und es war in HiFi.

Wer Geisterjäger werden möchte, kann im Compact Cassetten Recorder Bereich in Ebay immer noch gute Geräte für die Tonbandstimmen-Aufnahme finden. Ebenso gibt es noch genug Cassetten dazu. Hier empfehle ich Chrom Cassetten, der Tonkopf hält länger und der Frequenzbereich ist größer. Randbemerkung: Man kann Cassette oder Kassette schreiben. PHILIPS hat sie erfunden und schrieb es mit C, wegen des internationalen Geschäftes.

Heute verwenden Geisterjäger digitale Diktiergeräte:

Eigenschaften:

- 16 GB Speicherkapazität nach Wahl

- 3 Arten von Aufnahmequalität: HQ / High Quality (384 kbps), FQ / Fine Quality (192 kbps), LP / Long Record (32 kbps)

- Sprachgesteuerte Aufnahme (VOR)

- Aufgenommene Datei im WAV-Format

- A-B-Wiederholfunktion: Wiederholt einen bestimmten Teil der Musik

- Schneller Vor- / Rücklauf

- Halten Sie während der Wiedergabe die Abwärtstaste gedrückt, um schnell vorzuspulen, und lassen Sie die Taste los, um fortzufahren

- Halten Sie während der Wiedergabe die UP-Taste gedrückt, um zurückzuspulen. Lassen Sie die Taste los, um fortzufahren

- MP3-Funktion, mit dem eingebauten Lautsprecher können Sie es ohne Kopfhörer laut spielen

- Unterstützt verschiedene Sprachen

- Löschfunktion: Löschen Sie MP3-Musikdateien und Sprachdateien, die auf dem Gerät gespeichert sind. Sie können entweder eine einzelne Datei oder alle Dateien löschen

- USB-Verbindung erleichtert das Hoch- und Herunterladen von Sprachdateien

- Eingebauter Lautsprecher und Mikrofon

- Eingebaute Lithiumbatterie:

- Wiederaufladbar (3-4 Stunden Ladezeit)

- Bis zu 20 Stunden ununterbrochene Aufnahme

- Bis zu 13 Stunden ununterbrochene Wiedergabe

- Frequenzbereich: 20 bis 20000 Hz

Mit dem Programm AUDACITY lasst sich das Aufgenommene dann sehr gut am PC analysieren und bearbeiten.

Es muss also nicht gleich eine Ghostbox gekauft werden. Wer Geisterjäger werden will, sollte nach meiner Meinung mit den hier gezeigten Hilfsmitteln anfangen, um zu sehen, ob es wirklich sein Ding ist.

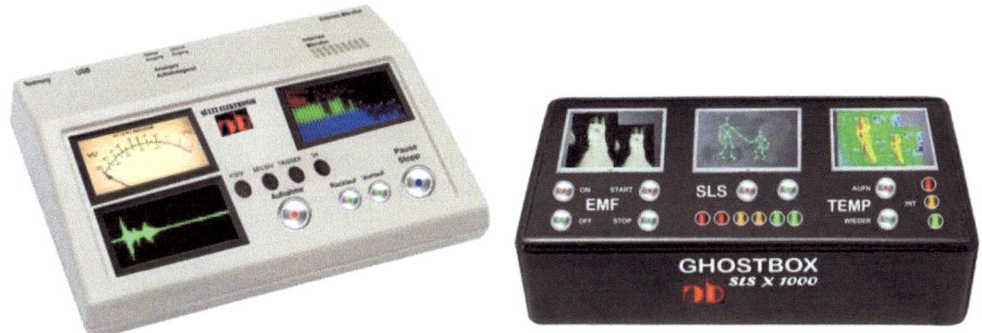

Was kann eine Ghostbox? Eine Ghostbox vereint verschiedene Messmethoden, auch Einzelgeräte werden Ghostbox genannt. Was benötigt der Geisterjäger?
Hier eine Auflistung:

- Foto und Video: Verwendung von digitalen Kameras, Nachtsichtgeräten, Infrarotkameras und sogar Einwegkameras zum Entdecken von etwaigen Bild- und/oder Tonstörungen.

- EMF-Messgerät: Zur Erkennung möglicherweise unerklärlicher Schwankungen elektromagnetischer Felder.

- Tablet-PC: Zur Aufzeichnung von Daten, Audio, Video und sogar Umgebungsschwankungen wie elektromagnetischen Feldern.

- Umgebungstemperaturmessung: Mit Thermografiekameras, Wärmebildkameras, Infrarotthermometern und anderen Infrarottemperatursensoren. Alle diese Methoden messen nur die Oberflächentemperatur und nicht die Umgebungstemperatur.

- Digitale und analoge Audioaufzeichnung: Erfassen von unerklärlichen Geräuschen und elektronischen Stimmphänomenen (EVPs), die als körperlose Stimmen interpretiert werden können.

- Kompass: Einige Geisterjäger verwenden einen Kompass, um die Position von paranormalen Stellen zu bestimmen, ähnlich wie bei EMFs.

- Geigerzähler: Zur Messung von Strahlungsschwankungen.

- Infrarot- und/oder Ultraschall-Bewegungssensoren: Erkennen möglicher anomaler Bewegungen in einem bestimmten Bereich oder zur Unterstützung einer kontrollierten Umgebung, in der eine menschliche Bewegung erkannt wird.

- Ausrüstung zur Überwachung der Luftqualität: Beurteilung der Konzentrationen von Gasen wie Kohlenmonoxid, von denen angenommen wird, dass sie zu Berichten über paranormale Aktivitäten beitragen.

- Infraschallüberwachungsausrüstung:
Zur Beurteilung des Geräuschpegels.

- Wünschelruten: Meist aus Messing gefertigt und L-förmig gebogen.

- Wahrsager, Medien oder Hellseher: Trance-Medien oder „sensible" Personen, von denen man annimmt, dass sie die Fähigkeit haben, sich mit spirituellen Wesen zu identifizieren und Kontakt mit ihnen aufzunehmen.

- Dämonologen, Exorzisten und Geistliche: Personen, die Gebete sagen, Segnungen geben oder Rituale durchführen, um angebliche Geister, Dämonen, Poltergeister oder „negative Energie" zu reinigen.

- Licht aus: Laut den Webseiten der Geisterjagd-Enthusiasten ziehen es viele Geisterjäger vor, ihre Ermittlungen während der „spitzen" Abendstunden (Mitternacht bis 4 Uhr) durchzuführen.

- Ghostbox: Ein elektronisches Gerät, von dem einige Geisterjäger behaupten, dass es mit Geistern kommunizieren kann.

- Interviews: Sammeln von Zeugenaussagen und Berichten über angebliche Verfolgungsjagden.

- Historische Forschung: Erforschung der Geschichte des untersuchten Ortes.

- Ein Ouija-Brett, um mit Geistern zu kommunizieren.

- Laut einem psychischen Medium deutet man an, dass „Hunde, die an bestimmten Stellen auf einem Grundstück knurren und bellen" und Katzen, die in einen bestimmten Bereich ziehen oder suchen, als ob jemand anwesend wäre, auf einen Spuk hindeuten.

- Die SLS-Kamera dient als Hilfe bei der Suche nach Geistern und paranormalen Phänomenen die auf dem Tablet in Echtzeit angezeigt werden. Im vorinstallierten Programm ist es möglich, den Ton, die Entfernung von Objekten, die Lichtintensität und die Visualisierung gescannter Objekte zu überwachen.

- SLS-Kamera: Die Kamera kann einen Menschen oder ein Tier in absoluter Dunkelheit erkennen. Wenn Sie auf dem Display eine Figur sehen, die für das menschliche Auge im wirklichen Leben unsichtbar ist, ist es wahrscheinlich, dass es eine menschliche Seele ist. Mit der AP-Kamera können Sie direkt auf Ihr Tablet oder auf Ihre SD-Karte aufnehmen. Voll aufgeladene AA-Batterien halten ungefähr 6 Stunden im Dauerbetrieb. Der verstellbare Halter kann entfernt werden und die gesamte Konstruktion kann einfach an einem Stativ befestigt werden, um beispielsweise bequemer aufnehmen zu können.

Wie gesagt, nicht alles sollte sofort erworben und dann losgelegt werden. Jeder sollte die Gründe kennen, warum er das tun will. Denn, wie schon erwähnt, ist das Geisterjagen ein ganz schmaler Weg, glauben oder nicht glauben, wissen oder nicht wissen, beweisen oder nicht zu beweisen… jeder muss seinen eigenen Weg finden.

Sie sind auf jeden Fall in guter Gesellschaft, wenn Sie etwas aus der Vergangenheit erfahren: Von Plinius dem Jüngeren ist die erste Untersuchung (100 n. Chr.) überliefert, die man als Paranormale Untersuchung oder Geisterjagd beschreiben könnte. Er beschreibt die Untersuchung eines Spukhauses im antiken Athen durch den Philosophen Athenodoros Kananites.

1862 wurde in London der Ghost Club gegründet, der als die erste Institution gilt, die paranormale Phänomene untersuchte. Berühmte Mitglieder waren unter anderem Charles Dickens, Sir William Crookes, Sir William F. Barrett und Harry Price.

Zwischen 1880 und 1890 schlug der Philosoph und Begründer der American Psychological Association William James vor, wissenschaftliche Methoden zur Erforschung paranormaler Fragestellungen einzusetzen. Er fand Verbündete in England wie beispielsweise Alfred Russel Wallace, den Philosophen Henry Sidgwick und Edmund Gurney. Gemeinsam gründeten sie die Society for Psychical Research, um Beweise für Erscheinungen, Spuk und ähnliche Phänomene zu finden. Die Mitglieder der Society sammelten Fallstudien, beobachteten Seancen, entwarfen Tests zur Überprüfung von Wahrsagern und führten den Census of Hallucinations ein, eine Statistik, in der die Anzahl der geisterhafte Erscheinungen von Personen am Tage ihres Todes gezählt wurden.

Ähnliche Untersuchungen wurden von Harry Price mit dem Londoner Laboratory of Psychical Research ab 1920 durchgeführt, die 1950 und 1960 durch die Amerikaner Hans Holzer und Ed und Lorraine Warren fortgesetzt wurden.

In Deutschland versuchte unter anderem Johann Wolfgang von Goethe, sich von der Existenz von Geistern und Spuk zu überzeugen, und er verarbeitete seine Erlebnisse im Faust (4160f.) in der Walpurgisnacht: „Das Teufelspack, es fragt nach keiner Regel. Wir sind so klug, und dennoch spukt's in Tegel."

Wissenschaftliches Interesse erregte die umfangreiche Fallsammlung von Fanny Moser, die sie dem Institut für Grenzgebiete der Psychologie und Psychohygiene (IGPP) in Freiburg unter Hans Bender hinterließ.

Bundesweite Schlagzeilen machte 1983 die Geisterjagd in einer Zahnarztpraxis. Mehrere Monate wurde nach dem Chopper-Geist gefahndet.

Im TV wird man gut animiert Geisterjäger zu werden. Durch das Internet und Filme, wie Das Spukhaus und Reality-TV-Shows wie Ghost Hunters und Most Haunted, ist derzeit ein Boom auf dem Gebiet der Geisterjagd zu verzeichnen. Weltweit agieren Teams von Enthusiasten und Hobbyforschern, die in ihrer Freizeit Spukgerüchten nachgehen und ihre Dienste Betroffenen anbieten. Aber ich bleibe dabei, finden Sie Ihre eigenen Gründe, um nicht später enttäuscht zu werden. Hier eine Hilfestellung:

Bei mir passierte Folgendes: Seit dem Tot geliebter Menschen in meinem Kreis, begann ich, wie gesagt, mich mit dem Leben nach dem Tot, dem Übergang, usw., zu beschäftigen. Eines Nachts wurde ich wach und näherte mich der Zimmerdecke. Langsam drehte ich mich um und sah auf meinen Körper. Ich bin also ausgestiegen. Es gab ein Windgeräusch und schwupp war ich wieder in meinem Körper. Paranormale Phänomene und Wissenschaft versuchte ich nun irgendwie zusammenzubringen. Nach der Ausbildung zum Radio- und Fernsehtechniker studierte ich Nachrichtentechnik. Auch begleitete ich Menschen, die demnächst sterben werden. Ich nannte es den Übergang. Frau Sempell sagte zu mir: „Nachts bin ich in einem Tunnel. Ich soll nach oben. Rechts und links wollen Hände nach mir greifen. Es sind die Guten und die Bösen. Oben sehe ich das helle Licht." Am Tag des Überganges blieb ich bei ihr. Nachdem sie gegangen war, gab es einen Luftzug und die Gardine bewegte sich. Selbst mein Rottweiler verfolgte diese Bewegung, diesen austretenden Geist. Aber mein ganz persönlicher Beweis kam in der Klinik. Ich lag dort und wurde behandelt. Es herrschte Hektik, nicht wegen mir, ein Verletzter wurde eingeliefert. Ich konnte von meinem Standort nicht sein Gesicht sehen, nur den unteren Teil. Das Team ging aus dem Zimmer und beratschlagte die weitere Vorgehensweise. Plötzlich trat aus seinem Körper ein etwa 10 cm großer heller Energieball aus. Er verließ den Körper erst waagerecht und stieg dann parabelförmig nach oben und verschwand. Das sind meine persönlichen Gründe, paranormalen Phänomenen nachzugehen.

Seit vielen Jahren ist meine Frau Renate mit dabei. Wir besuchten bereits einige Vorlesungen, Veranstaltungen, Tonbandstimmen-Gruppen, Pendel- und Tischrücken-Treffen. Sie wurde gläubig, nachdem wir ein Haus erworben haben und sie sich dort nicht wohlfühlte. Eigenartige Dinge passierten, auch mir. Wir erfuhren, dass im Wohnzimmer Geisterbeschwörungen stattfanden. Wir verkauften das Haus. Glauben Sie mir, wenn an uns paranormale Phänomene herangetragen werden, beginnt man sofort und angergiert damit, etwas aufklären zu wollen. Im eigenen Haus, im eigenen Bett… da sind wir sofort geflohen.

Ist Ihnen also auch etwas in ähnlicher Form passiert? Dann haben Sie gute Gründe, Geisterjäger zu werden. Suchen Sie nur Sensationen, wird es nicht klappen.

Albert Einstein sagte, dass Energie nicht verbraucht werden kann, sie wird umgewandelt. In unseren Gehirnen lässt sich Energie durch Ströme messen. Sterben wir, wird es eben umgewandelt. Klingt doch plausibel, oder?

Wir sterben also, irgendwann und das muss uns bewusst werden. Das ist eben der Weg. Nennen wir es besser ein Übergang. Sind wir glücklich gewesen, hatten ein erfülltes Leben und können loslassen, wird es wohl direkt ins Licht, direkt zu Gott gehen. Sind wir unerfüllt, so richtig sauer, werden wir wohl in einer Zwischenwelt verbleiben. Und nun kommt der Geisterjäger ins Spiel… kann er helfen? Kann er mit Hilfe von Medien, Dämonologen, Exorzisten und Geistlichen dem ruhelosen Geist den Weg zeigen? Das ist der Sinn eines Geisterjägers, nicht die Sensationslust.

Paranormale Phänomene können aber auch durch Träume aktiviert werden. Personen, die uns negativ zu nahe gekommen sind, die uns im Traum verfolgen, können plötzlich real werden, sogenannte Poltergeister. Das kann uns in den Wahn treiben. Hier kann der Betroffene gegenwirken. Ein Hobby anlegen, mit Freunden über schöne Dinge reden… aber auch hier kann der Geisterjäger helfen und unterstützend mitwirken. Der Poltergeist wird wieder verschwinden. Und immer sind Gebete zu sprechen.

Kommen wir nun noch einmal zum Rauschen. Rauschen ist bekannt als Hintergrundrauschen oder Strahlung im All. Zu sehen ist es bei alten Fernsehern als Schnee, zu hören im TV und Radio als Zischen… es rauscht eben. Auch Tonbänder und Cassettenband rauscht. Und das war mein Irrtum damals. Im Rauschen kann sich ein Signal verstecken. Im folgenden Bild wird ein Aussteuerungsinstrument gezeigt. So schnell könnte ein schwaches Signal nicht verfolgt werden, wenn es sich um ein kurzes „Ja" oder „Geh" handelt.

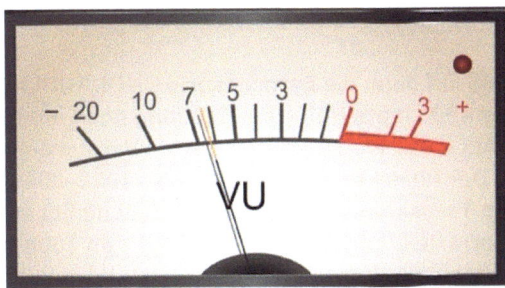

Auf einem Oszillographen dagegen ist das kurze „Ja" oder ein anderes Geräusch erkennbar:

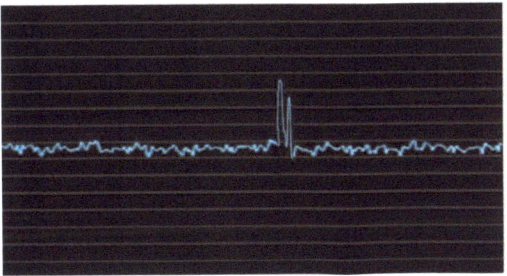

Nun gibt es verschieden Möglichkeiten dieses Rauschen aufzunehmen.

- Aufzeichnung bei völliger Stille durch Aufnahmegerät mit angeschlossenem Mikrofon (Mikrofon-Methode)

- Aufzeichnung eines oder mehrerer zumeist fremdsprachiger Rundfunksendungen mit oder ohne Mikrofon (Radio-Methode)

- Aufzeichnung eines Rundfunkgeräts, das auf eine Frequenz ohne Sender eingestellt ist und daher ein Rauschen („weißes Rauschen") erzeugt

- Aufzeichnung des Erzeugnisses eines speziellen Computerprogramms (z. B. EVPMaker), das zuvor eine beliebige Audiodatei (*.wav) nach dem Zufallsprinzip in kleine Segmente zerteilt und neu zusammengesetzt hat (Sprachsynthese-Methode, Phonem-Synthese-Methode)

In den 1980'er Jahren waren unsere Erfolge nach der Radio-Methode gut. Auch musste wenig Equipment gekauft werden. Die Musikanlage im Wohnzimmer reichte aus. Ob es eine Rosita-Anlage war oder ein Musikturm, das Rauschen im UKW-Bereich oder MW, LW und KW waren immer zu hören. Ganz ehrlich, MW, LW und KW waren mir nicht ganz geheuer, irgendwann hörte man immer Geräusche, die man mit gesuchten Antworten in Verbindung bringen konnte. Aber auch hier sage ich, jeder sollte seine Experimente machen.

Bei den Tonbandstimmen mit einem Cassettenrecorder kommt es natürlich auch auf die Interpretation der Geräusche an, so wie bei allen Methoden. Auch diese Methode war irgendwie erfolgreich. Mit „irgendwie" meine ich, dass ich nicht immer mit der Meinung der anderen Geisterjäger konform war.

In den Jahren 1984 bis 1988 lief dann die Fernsehserie UNGLAUBLICHE GESCHICHTEN mit Rainer Holbe. Von 1992 bis 1993 legte Holbe die Sendung noch einmal neu auf. Die, die daran glauben, hoffen, dass sie auf diese Weise mit den Seelen Verstorbener oder anderen Entitäten kommunizieren. Der Physiker Ernst Senkowski (1922–2015) prägte hierfür den Begriff der instrumentellen Transkommunikation. Das stellt nichts anderes dar, als eine moderne, säkularisierte Form des Spiritismus. Verfechter von Tonbandstimmen gehen lediglich von einem der Wissenschaft bislang unbekannten Vorgang aus und erhoffen sich weitere Erkenntnisse durch umfassendere methodische Untersuchungen.   Wir werden es irgendwann einmal sehen, wer Recht hat und was es für einen Sinn macht, Geisterjäger zu werden. Auf jeden Fall schenkt es einigen Suchenden Zuversicht und Trost. Übrigens war Frau Zöllner mit Herrn Prof. Dr. Ernst Senkowski bekannt. So kam auch ich in den Genuss diesen sehr kompetenten und freundlichen Physiker kennenzulernen. Meine Frau Renate und ich wünschen Ihnen viel Erfolg bei der Suche und bei diesem interessanten Hobby.

Uwe H. Sültz

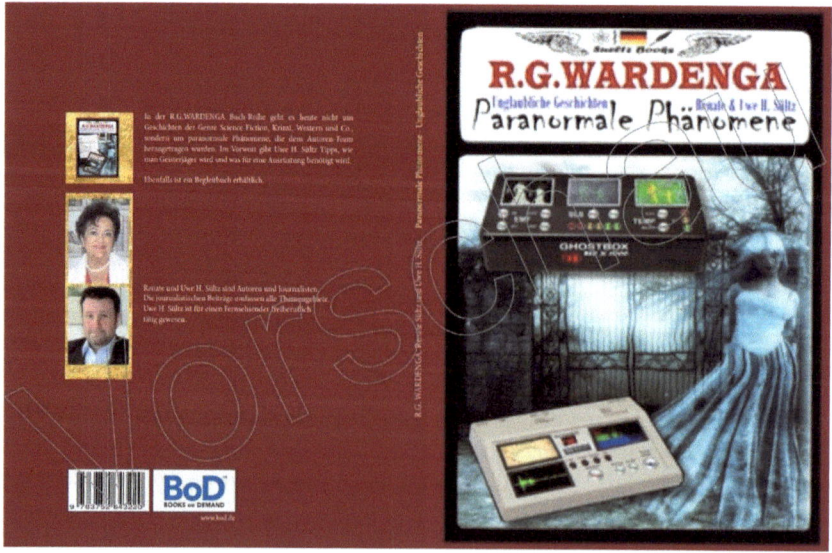

TONBANDSTIMMEN PROTOKOLL   NR. ___

DATUM _____

UHRZEIT _____

AUFNAHMEORT _____

MEIN NAME _____

ANWESENDE _____

_____

AUFNAHMEGERÄT _____

CASSETTEN RECORDER ___ TONBAND ___ DIKTIERGERÄT DIGITAL ___

DIKTIERGERÄT ANALOG ___ COMPUTER ___

AUF CASSETTE ANALOG ___ TONBAND ___ COMPUTER ___ SPEICHERKARTE ___

MP3 ___ WAF ___ _____

    EXTERNES MIKROFON ___

    SCHAUMSTOFFUNTERLAGE ___   ZÄHLWERK _____

    GRUNDGERÄUSCH AUS DEM RADIO ___ FREQUENZ _____ BAND _____

    BRUNNEN ___ GERÄUSCHKONSERVE ___ KEINE GERÄUSCHE ___ _____

ARCHIV CASSETTEN ___ ARCHIV COMPUTER ___

CASSETTEN NR. _____ DATEI _____

WER HAT SICH GEMELDET? _____

INFORMATIONEN, WIE DIMENSION/EBENE _____

GESTELLTE FRAGE _____

_____

_____

ERHALTENE ANTWORT _____

_____

_____

TONBANDSTIMMEN PROTOKOLL   NR. __

DATUM _____

UHRZEIT _____

AUFNAHMEORT _____

MEIN NAME _____

ANWESENDE _____
_____

AUFNAHMEGERÄT _____

CASSETTEN RECORDER ___ TONBAND ___ DIKTIERGERÄT DIGITAL ___

DIKTIERGERÄT ANALOG ___ COMPUTER ___

AUF CASSETTE ANALOG ___ TONBAND ___ COMPUTER ___ SPEICHERKARTE ___

MP3 ___ WAF ___ _____

    EXTERNES MIKROFON ___
    SCHAUMSTOFFUNTERLAGE ___   ZÄHLWERK _____

    GRUNDGERÄUSCH AUS DEM RADIO ___ FREQUENZ _____ BAND _____

    BRUNNEN ___ GERÄUSCHKONSERVE ___ KEINE GERÄUSCHE ___ _____

ARCHIV CASSETTEN ___ ARCHIV COMPUTER ___

CASSETTEN NR. _____ DATEI _____

WER HAT SICH GEMELDET? _____

INFORMATIONEN, WIE DIMENSION/EBENE _____

GESTELLTE FRAGE _____
_____
_____

ERHALTENE ANTWORT _____
_____
_____

TONBANDSTIMMEN PROTOKOLL   NR. ___

DATUM _____

UHRZEIT _____

AUFNAHMEORT _____

MEIN NAME _____

ANWESENDE _____

_____

AUFNAHMEGERÄT _____

CASSETTEN RECORDER ___ TONBAND ___ DIKTIERGERÄT DIGITAL ___

DIKTIERGERÄT ANALOG ___ COMPUTER ___

AUF CASSETTE ANALOG ___ TONBAND ___ COMPUTER ___ SPEICHERKARTE ___

MP3 ___ WAF ___ _____

    EXTERNES MIKROFON ___

    SCHAUMSTOFFUNTERLAGE ___   ZÄHLWERK _____

    GRUNDGERÄUSCH AUS DEM RADIO ___ FREQUENZ _____ BAND _____

    BRUNNEN ___ GERÄUSCHKONSERVE ___ KEINE GERÄUSCHE ___ _____

ARCHIV CASSETTEN ___ ARCHIV COMPUTER ___

CASSETTEN NR. _____ DATEI _____

WER HAT SICH GEMELDET? _____

INFORMATIONEN, WIE DIMENSION/EBENE _____

GESTELLTE FRAGE _____

_____

_____

ERHALTENE ANTWORT _____

_____

_____

TONBANDSTIMMEN PROTOKOLL   NR. ___

DATUM _____

UHRZEIT _____

AUFNAHMEORT _____

MEIN NAME _____

ANWESENDE _____

_____

AUFNAHMEGERÄT _____

CASSETTEN RECORDER ___ TONBAND ___ DIKTIERGERÄT DIGITAL ___

DIKTIERGERÄT ANALOG ___ COMPUTER ___

AUF CASSETTE ANALOG ___ TONBAND ___ COMPUTER ___ SPEICHERKARTE ___

MP3 ___ WAF ___ _____

    EXTERNES MIKROFON ___

    SCHAUMSTOFFUNTERLAGE ___   ZÄHLWERK _____

    GRUNDGERÄUSCH AUS DEM RADIO ___ FREQUENZ _____ BAND _____

    BRUNNEN ___ GERÄUSCHKONSERVE ___ KEINE GERÄUSCHE ___ _____

ARCHIV CASSETTEN ___ ARCHIV COMPUTER ___

CASSETTEN NR. _____ DATEI _____

WER HAT SICH GEMELDET? _____

INFORMATIONEN, WIE DIMENSION/EBENE _____

GESTELLTE FRAGE _____

_____

_____

ERHALTENE ANTWORT _____

_____

_____

TONBANDSTIMMEN PROTOKOLL   NR. ___

DATUM _____

UHRZEIT _____

AUFNAHMEORT _____

MEIN NAME _____

ANWESENDE _____

_____

AUFNAHMEGERÄT _____

CASSETTEN RECORDER ___ TONBAND ___ DIKTIERGERÄT DIGITAL ___

DIKTIERGERÄT ANALOG ___ COMPUTER ___

AUF CASSETTE ANALOG ___ TONBAND ___ COMPUTER ___ SPEICHERKARTE ___

MP3 ___ WAF ___ _____

    EXTERNES MIKROFON ___

    SCHAUMSTOFFUNTERLAGE ___   ZÄHLWERK _____

    GRUNDGERÄUSCH AUS DEM RADIO ___ FREQUENZ _____ BAND _____

    BRUNNEN ___ GERÄUSCHKONSERVE ___ KEINE GERÄUSCHE ___ _____

ARCHIV CASSETTEN ___ ARCHIV COMPUTER ___

CASSETTEN NR. _____ DATEI _____

WER HAT SICH GEMELDET? _____

INFORMATIONEN, WIE DIMENSION/EBENE _____

GESTELLTE FRAGE _____

_____

_____

ERHALTENE ANTWORT _____

_____

_____

TONBANDSTIMMEN PROTOKOLL   NR. ___

DATUM _____

UHRZEIT _____

AUFNAHMEORT _____

MEIN NAME _____

ANWESENDE _____
_____

AUFNAHMEGERÄT _____

CASSETTEN RECORDER ___ TONBAND ___ DIKTIERGERÄT DIGITAL ___

DIKTIERGERÄT ANALOG ___ COMPUTER ___

AUF CASSETTE ANALOG ___ TONBAND ___ COMPUTER ___ SPEICHERKARTE ___

MP3 ___ WAF ___ _____

   EXTERNES MIKROFON ___
   SCHAUMSTOFFUNTERLAGE ___   ZÄHLWERK _____

   GRUNDGERÄUSCH AUS DEM RADIO ___ FREQUENZ _____ BAND _____

   BRUNNEN ___ GERÄUSCHKONSERVE ___ KEINE GERÄUSCHE ___ _____

ARCHIV CASSETTEN ___ ARCHIV COMPUTER ___

CASSETTEN NR. _____ DATEI _____

WER HAT SICH GEMELDET? _____

INFORMATIONEN, WIE DIMENSION/EBENE _____

GESTELLTE FRAGE _____

_____

_____

ERHALTENE ANTWORT _____

_____

_____

TONBANDSTIMMEN PROTOKOLL   NR. ___

DATUM _____

UHRZEIT _____

AUFNAHMEORT _____

MEIN NAME _____

ANWESENDE _____

_____

AUFNAHMEGERÄT _____

CASSETTEN RECORDER ___ TONBAND ___ DIKTIERGERÄT DIGITAL ___

DIKTIERGERÄT ANALOG ___ COMPUTER ___

AUF CASSETTE ANALOG ___ TONBAND ___ COMPUTER ___ SPEICHERKARTE ___

MP3 ___ WAF ___ _____

    EXTERNES MIKROFON ___

    SCHAUMSTOFFUNTERLAGE ___   ZÄHLWERK _____

    GRUNDGERÄUSCH AUS DEM RADIO ___ FREQUENZ _____ BAND _____

    BRUNNEN ___ GERÄUSCHKONSERVE ___ KEINE GERÄUSCHE ___ _____

ARCHIV CASSETTEN ___ ARCHIV COMPUTER ___

CASSETTEN NR. _____ DATEI _____

WER HAT SICH GEMELDET? _____

INFORMATIONEN, WIE DIMENSION/EBENE _____

GESTELLTE FRAGE _____

_____

_____

ERHALTENE ANTWORT _____

_____

_____

TONBANDSTIMMEN PROTOKOLL   NR. __

DATUM _____

UHRZEIT _____

AUFNAHMEORT _____

MEIN NAME _____

ANWESENDE _____

_____

AUFNAHMEGERÄT _____

CASSETTEN RECORDER ___ TONBAND ___ DIKTIERGERÄT DIGITAL ___

DIKTIERGERÄT ANALOG ___ COMPUTER ___

AUF CASSETTE ANALOG ___ TONBAND ___ COMPUTER ___ SPEICHERKARTE ___

MP3 ___ WAF ___ _____

    EXTERNES MIKROFON ___

    SCHAUMSTOFFUNTERLAGE ___   ZÄHLWERK _____

    GRUNDGERÄUSCH AUS DEM RADIO ___ FREQUENZ _____ BAND _____

    BRUNNEN ___ GERÄUSCHKONSERVE ___ KEINE GERÄUSCHE ___ _____

ARCHIV CASSETTEN ___ ARCHIV COMPUTER ___

CASSETTEN NR. _____ DATEI _____

WER HAT SICH GEMELDET? _____

INFORMATIONEN, WIE DIMENSION/EBENE _____

GESTELLTE FRAGE _____

_____

_____

ERHALTENE ANTWORT _____

_____

_____

TONBANDSTIMMEN PROTOKOLL   NR. __

DATUM _____

UHRZEIT _____

AUFNAHMEORT _____

MEIN NAME _____

ANWESENDE _____

_____

AUFNAHMEGERÄT _____

CASSETTEN RECORDER ___ TONBAND ___ DIKTIERGERÄT DIGITAL ___

DIKTIERGERÄT ANALOG ___ COMPUTER ___

AUF CASSETTE ANALOG ___ TONBAND ___ COMPUTER ___ SPEICHERKARTE ___

MP3 ___ WAF ___ _____

    EXTERNES MIKROFON ___

    SCHAUMSTOFFUNTERLAGE ___   ZÄHLWERK _____

    GRUNDGERÄUSCH AUS DEM RADIO ___ FREQUENZ _____ BAND _____

    BRUNNEN ___ GERÄUSCHKONSERVE ___ KEINE GERÄUSCHE ___ _____

ARCHIV CASSETTEN ___ ARCHIV COMPUTER ___

CASSETTEN NR. _____ DATEI _____

WER HAT SICH GEMELDET? _____

INFORMATIONEN, WIE DIMENSION/EBENE _____

GESTELLTE FRAGE _____

_____

_____

ERHALTENE ANTWORT _____

_____

_____

TONBANDSTIMMEN PROTOKOLL   NR. ___

DATUM _____

UHRZEIT _____

AUFNAHMEORT _____

MEIN NAME _____

ANWESENDE _____

_____

AUFNAHMEGERÄT _____

CASSETTEN RECORDER ___ TONBAND ___ DIKTIERGERÄT DIGITAL ___

DIKTIERGERÄT ANALOG ___ COMPUTER ___

AUF CASSETTE ANALOG ___ TONBAND ___ COMPUTER ___ SPEICHERKARTE ___

MP3 ___ WAF ___ _____

    EXTERNES MIKROFON ___

    SCHAUMSTOFFUNTERLAGE ___   ZÄHLWERK _____

    GRUNDGERÄUSCH AUS DEM RADIO ___ FREQUENZ _____ BAND _____

    BRUNNEN ___ GERÄUSCHKONSERVE ___ KEINE GERÄUSCHE ___ _____

ARCHIV CASSETTEN ___ ARCHIV COMPUTER ___

CASSETTEN NR. _____ DATEI _____

WER HAT SICH GEMELDET? _____

INFORMATIONEN, WIE DIMENSION/EBENE _____

GESTELLTE FRAGE _____

_____

_____

ERHALTENE ANTWORT _____

_____

_____

TONBANDSTIMMEN PROTOKOLL   NR. ___

DATUM _____

UHRZEIT _____

AUFNAHMEORT _____

MEIN NAME _____

ANWESENDE _____

_____

AUFNAHMEGERÄT _____

CASSETTEN RECORDER ___ TONBAND ___ DIKTIERGERÄT DIGITAL ___

DIKTIERGERÄT ANALOG ___ COMPUTER ___

AUF CASSETTE ANALOG ___ TONBAND ___ COMPUTER ___ SPEICHERKARTE ___

MP3 ___ WAF ___ _____

    EXTERNES MIKROFON ___

    SCHAUMSTOFFUNTERLAGE ___   ZÄHLWERK _____

    GRUNDGERÄUSCH AUS DEM RADIO ___ FREQUENZ _____ BAND _____

    BRUNNEN ___ GERÄUSCHKONSERVE ___ KEINE GERÄUSCHE ___ _____

ARCHIV CASSETTEN ___ ARCHIV COMPUTER ___

CASSETTEN NR. _____ DATEI _____

WER HAT SICH GEMELDET? _____

INFORMATIONEN, WIE DIMENSION/EBENE _____

GESTELLTE FRAGE _____

_____

_____

ERHALTENE ANTWORT _____

_____

_____

TONBANDSTIMMEN PROTOKOLL   NR. __

DATUM _____

UHRZEIT _____

AUFNAHMEORT _____

MEIN NAME _____

ANWESENDE _____

_____

AUFNAHMEGERÄT _____

CASSETTEN RECORDER ___ TONBAND ___ DIKTIERGERÄT DIGITAL ___

DIKTIERGERÄT ANALOG ___ COMPUTER ___

AUF CASSETTE ANALOG ___ TONBAND ___ COMPUTER ___ SPEICHERKARTE ___

MP3 ___ WAF ___ _____

   EXTERNES MIKROFON ___

   SCHAUMSTOFFUNTERLAGE ___   ZÄHLWERK _____

   GRUNDGERÄUSCH AUS DEM RADIO ___ FREQUENZ _____ BAND _____

   BRUNNEN ___ GERÄUSCHKONSERVE ___ KEINE GERÄUSCHE ___ _____

ARCHIV CASSETTEN ___ ARCHIV COMPUTER ___

CASSETTEN NR. _____ DATEI _____

WER HAT SICH GEMELDET? _____

INFORMATIONEN, WIE DIMENSION/EBENE _____

GESTELLTE FRAGE _____

_____

_____

ERHALTENE ANTWORT _____

_____

_____

TONBANDSTIMMEN PROTOKOLL   NR. ___

DATUM _____

UHRZEIT _____

AUFNAHMEORT _____

MEIN NAME _____

ANWESENDE _____

_____

AUFNAHMEGERÄT _____

CASSETTEN RECORDER ___ TONBAND ___ DIKTIERGERÄT DIGITAL ___

DIKTIERGERÄT ANALOG ___ COMPUTER ___

AUF CASSETTE ANALOG ___ TONBAND ___ COMPUTER ___ SPEICHERKARTE ___

MP3 ___ WAF ___ _____

EXTERNES MIKROFON ___

SCHAUMSTOFFUNTERLAGE ___   ZÄHLWERK _____

GRUNDGERÄUSCH AUS DEM RADIO ___ FREQUENZ _____ BAND _____

BRUNNEN ___ GERÄUSCHKONSERVE ___ KEINE GERÄUSCHE ___ _____

ARCHIV CASSETTEN ___ ARCHIV COMPUTER ___

CASSETTEN NR. _____ DATEI _____

WER HAT SICH GEMELDET? _____

INFORMATIONEN, WIE DIMENSION/EBENE _____

GESTELLTE FRAGE _____

_____

_____

ERHALTENE ANTWORT _____

_____

_____

TONBANDSTIMMEN PROTOKOLL   NR. __

DATUM _____

UHRZEIT _____

AUFNAHMEORT _____

MEIN NAME _____

ANWESENDE _____

_____

AUFNAHMEGERÄT _____

CASSETTEN RECORDER ___ TONBAND ___ DIKTIERGERÄT DIGITAL ___

DIKTIERGERÄT ANALOG ___ COMPUTER ___

AUF CASSETTE ANALOG ___ TONBAND ___ COMPUTER ___ SPEICHERKARTE ___

MP3 ___ WAF ___ _____

   EXTERNES MIKROFON ___

   SCHAUMSTOFFUNTERLAGE ___   ZÄHLWERK _____

   GRUNDGERÄUSCH AUS DEM RADIO ___ FREQUENZ _____ BAND _____

   BRUNNEN ___ GERÄUSCHKONSERVE ___ KEINE GERÄUSCHE ___ _____

ARCHIV CASSETTEN ___ ARCHIV COMPUTER ___

CASSETTEN NR. _____ DATEI _____

WER HAT SICH GEMELDET? _____

INFORMATIONEN, WIE DIMENSION/EBENE _____

GESTELLTE FRAGE _____

_____

_____

ERHALTENE ANTWORT _____

_____

_____

TONBANDSTIMMEN PROTOKOLL   NR. ___

DATUM _____

UHRZEIT _____

AUFNAHMEORT _____

MEIN NAME _____

ANWESENDE _____

_____

AUFNAHMEGERÄT _____

CASSETTEN RECORDER ___ TONBAND ___ DIKTIERGERÄT DIGITAL ___

DIKTIERGERÄT ANALOG ___ COMPUTER ___

AUF CASSETTE ANALOG ___ TONBAND ___ COMPUTER ___ SPEICHERKARTE ___

MP3 ___ WAF ___ _____

    EXTERNES MIKROFON ___

    SCHAUMSTOFFUNTERLAGE ___   ZÄHLWERK _____

    GRUNDGERÄUSCH AUS DEM RADIO ___ FREQUENZ _____ BAND _____

    BRUNNEN ___ GERÄUSCHKONSERVE ___ KEINE GERÄUSCHE ___ _____

ARCHIV CASSETTEN ___ ARCHIV COMPUTER ___

CASSETTEN NR. _____ DATEI _____

WER HAT SICH GEMELDET? _____

INFORMATIONEN, WIE DIMENSION/EBENE _____

GESTELLTE FRAGE _____

_____

_____

ERHALTENE ANTWORT _____

_____

_____

TONBANDSTIMMEN PROTOKOLL   NR. __

DATUM _____

UHRZEIT _____

AUFNAHMEORT _____

MEIN NAME _____

ANWESENDE _____

_____

AUFNAHMEGERÄT _____

CASSETTEN RECORDER ___ TONBAND ___ DIKTIERGERÄT DIGITAL ___

DIKTIERGERÄT ANALOG ___ COMPUTER ___

AUF CASSETTE ANALOG ___ TONBAND ___ COMPUTER ___ SPEICHERKARTE ___

MP3 ___ WAF ___ _____

    EXTERNES MIKROFON ___

    SCHAUMSTOFFUNTERLAGE ___   ZÄHLWERK _____

    GRUNDGERÄUSCH AUS DEM RADIO ___ FREQUENZ _____ BAND _____

    BRUNNEN ___ GERÄUSCHKONSERVE ___ KEINE GERÄUSCHE ___ _____

ARCHIV CASSETTEN ___ ARCHIV COMPUTER ___

CASSETTEN NR. _____ DATEI _____

WER HAT SICH GEMELDET? _____

INFORMATIONEN, WIE DIMENSION/EBENE _____

GESTELLTE FRAGE _____

_____

_____

ERHALTENE ANTWORT _____

_____

_____

TONBANDSTIMMEN PROTOKOLL   NR. ___

DATUM _____

UHRZEIT _____

AUFNAHMEORT _____

MEIN NAME _____

ANWESENDE _____
_____

AUFNAHMEGERÄT _____

CASSETTEN RECORDER ___ TONBAND ___ DIKTIERGERÄT DIGITAL ___

DIKTIERGERÄT ANALOG ___ COMPUTER ___

AUF CASSETTE ANALOG ___ TONBAND ___ COMPUTER ___ SPEICHERKARTE ___

MP3 ___ WAF ___ _____

EXTERNES MIKROFON ___
SCHAUMSTOFFUNTERLAGE ___   ZÄHLWERK _____

GRUNDGERÄUSCH AUS DEM RADIO ___ FREQUENZ _____ BAND _____

BRUNNEN ___ GERÄUSCHKONSERVE ___ KEINE GERÄUSCHE ___ _____

ARCHIV CASSETTEN ___ ARCHIV COMPUTER ___

CASSETTEN NR. _____ DATEI _____

WER HAT SICH GEMELDET? _____

INFORMATIONEN, WIE DIMENSION/EBENE _____

GESTELLTE FRAGE _____

_____

_____

ERHALTENE ANTWORT _____

_____

_____

TONBANDSTIMMEN PROTOKOLL   NR. __

DATUM _____

UHRZEIT _____

AUFNAHMEORT _____

MEIN NAME _____

ANWESENDE _____

_____

AUFNAHMEGERÄT _____

CASSETTEN RECORDER ___ **TONBAND** ___ **DIKTIERGERÄT DIGITAL** ___

DIKTIERGERÄT ANALOG ___ **COMPUTER** ___

AUF CASSETTE ANALOG ___ **TONBAND** ___ **COMPUTER** ___ **SPEICHERKARTE** ___

MP3 ___ **WAF** ___ _____

   EXTERNES MIKROFON ___

   SCHAUMSTOFFUNTERLAGE ___   **ZÄHLWERK** _____

   GRUNDGERÄUSCH AUS DEM RADIO ___ **FREQUENZ** _____ **BAND** _____

   BRUNNEN ___ **GERÄUSCHKONSERVE** ___ **KEINE GERÄUSCHE** ___ _____

ARCHIV CASSETTEN ___ **ARCHIV COMPUTER** ___

CASSETTEN NR. _____ **DATEI** _____

WER HAT SICH GEMELDET? _____

INFORMATIONEN, WIE DIMENSION/EBENE _____

GESTELLTE FRAGE _____

_____

_____

ERHALTENE ANTWORT _____

_____

_____

TONBANDSTIMMEN PROTOKOLL   NR. ___

DATUM _____

UHRZEIT _____

AUFNAHMEORT _____

MEIN NAME _____

ANWESENDE _____

_____

AUFNAHMEGERÄT _____

CASSETTEN RECORDER ___ TONBAND ___ DIKTIERGERÄT DIGITAL ___

DIKTIERGERÄT ANALOG ___ COMPUTER ___

AUF CASSETTE ANALOG ___ TONBAND ___ COMPUTER ___ SPEICHERKARTE ___

MP3 ___ WAF ___ _____

    EXTERNES MIKROFON ___

    SCHAUMSTOFFUNTERLAGE ___   ZÄHLWERK _____

    GRUNDGERÄUSCH AUS DEM RADIO ___ FREQUENZ _____ BAND _____

    BRUNNEN ___ GERÄUSCHKONSERVE ___ KEINE GERÄUSCHE ___ _____

ARCHIV CASSETTEN ___ ARCHIV COMPUTER ___

CASSETTEN NR. _____ DATEI _____

WER HAT SICH GEMELDET? _____

INFORMATIONEN, WIE DIMENSION/EBENE _____

GESTELLTE FRAGE _____

_____

_____

ERHALTENE ANTWORT _____

_____

_____

TONBANDSTIMMEN PROTOKOLL   NR. __

DATUM _____

UHRZEIT _____

AUFNAHMEORT _____

MEIN NAME _____

ANWESENDE _____

_____

AUFNAHMEGERÄT _____

CASSETTEN RECORDER ___ TONBAND ___ DIKTIERGERÄT DIGITAL ___

DIKTIERGERÄT ANALOG ___ COMPUTER ___

AUF CASSETTE ANALOG ___ TONBAND ___ COMPUTER ___ SPEICHERKARTE ___

MP3 ___ WAF ___ _____

EXTERNES MIKROFON ___
SCHAUMSTOFFUNTERLAGE ___   ZÄHLWERK _____

GRUNDGERÄUSCH AUS DEM RADIO ___ FREQUENZ _____ BAND _____

BRUNNEN ___ GERÄUSCHKONSERVE ___ KEINE GERÄUSCHE ___ _____

ARCHIV CASSETTEN ___ ARCHIV COMPUTER ___

CASSETTEN NR. _____ DATEI _____

WER HAT SICH GEMELDET? _____

INFORMATIONEN, WIE DIMENSION/EBENE _____

GESTELLTE FRAGE _____

_____

_____

ERHALTENE ANTWORT _____

_____

_____

TONBANDSTIMMEN PROTOKOLL   NR. ___

DATUM _____

UHRZEIT _____

AUFNAHMEORT _____

MEIN NAME _____

ANWESENDE _____

_____

AUFNAHMEGERÄT _____

CASSETTEN RECORDER ___ TONBAND ___ DIKTIERGERÄT DIGITAL ___

DIKTIERGERÄT ANALOG ___ COMPUTER ___

AUF CASSETTE ANALOG ___ TONBAND ___ COMPUTER ___ SPEICHERKARTE ___

MP3 ___ WAF ___ _____

EXTERNES MIKROFON ___
SCHAUMSTOFFUNTERLAGE ___   ZÄHLWERK _____

GRUNDGERÄUSCH AUS DEM RADIO ___ FREQUENZ _____ BAND _____

BRUNNEN ___ GERÄUSCHKONSERVE ___ KEINE GERÄUSCHE ___ _____

ARCHIV CASSETTEN ___ ARCHIV COMPUTER ___

CASSETTEN NR. _____ DATEI _____

WER HAT SICH GEMELDET? _____

INFORMATIONEN, WIE DIMENSION/EBENE _____

GESTELLTE FRAGE _____

_____

_____

ERHALTENE ANTWORT _____

_____

_____

TONBANDSTIMMEN PROTOKOLL   NR. __

DATUM _____

UHRZEIT _____

AUFNAHMEORT _____

MEIN NAME _____

ANWESENDE _____

_____

AUFNAHMEGERÄT _____

CASSETTEN RECORDER ___ TONBAND ___ DIKTIERGERÄT DIGITAL ___

DIKTIERGERÄT ANALOG ___ COMPUTER ___

AUF CASSETTE ANALOG ___ TONBAND ___ COMPUTER ___ SPEICHERKARTE ___

MP3 ___ WAF ___ _____

    EXTERNES MIKROFON ___

    SCHAUMSTOFFUNTERLAGE ___   ZÄHLWERK _____

    GRUNDGERÄUSCH AUS DEM RADIO ___ FREQUENZ _____ BAND _____

    BRUNNEN ___ GERÄUSCHKONSERVE ___ KEINE GERÄUSCHE ___ _____

ARCHIV CASSETTEN ___ ARCHIV COMPUTER ___

CASSETTEN NR. _____ DATEI _____

WER HAT SICH GEMELDET? _____

INFORMATIONEN, WIE DIMENSION/EBENE _____

GESTELLTE FRAGE _____

_____

_____

ERHALTENE ANTWORT _____

_____

_____

TONBANDSTIMMEN PROTOKOLL   NR. ___

DATUM _____

UHRZEIT _____

AUFNAHMEORT _____

MEIN NAME _____

ANWESENDE _____

_____

AUFNAHMEGERÄT _____

CASSETTEN RECORDER ___ TONBAND ___ DIKTIERGERÄT DIGITAL ___

DIKTIERGERÄT ANALOG ___ COMPUTER ___

AUF CASSETTE ANALOG ___ TONBAND ___ COMPUTER ___ SPEICHERKARTE ___

MP3 ___ WAF ___ _____

    EXTERNES MIKROFON ___

    SCHAUMSTOFFUNTERLAGE ___   ZÄHLWERK _____

    GRUNDGERÄUSCH AUS DEM RADIO ___ FREQUENZ _____ BAND _____

    BRUNNEN ___ GERÄUSCHKONSERVE ___ KEINE GERÄUSCHE ___ _____

ARCHIV CASSETTEN ___ ARCHIV COMPUTER ___

CASSETTEN NR. _____ DATEI _____

WER HAT SICH GEMELDET? _____

INFORMATIONEN, WIE DIMENSION/EBENE _____

GESTELLTE FRAGE _____

_____

_____

ERHALTENE ANTWORT _____

_____

_____

TONBANDSTIMMEN PROTOKOLL   NR. ___

DATUM _____

UHRZEIT _____

AUFNAHMEORT _____

MEIN NAME _____

ANWESENDE _____

_____

AUFNAHMEGERÄT _____

CASSETTEN RECORDER ___ TONBAND ___ DIKTIERGERÄT DIGITAL ___

DIKTIERGERÄT ANALOG ___ COMPUTER ___

AUF CASSETTE ANALOG ___ TONBAND ___ COMPUTER ___ SPEICHERKARTE ___

MP3 ___ WAF ___ _____

    EXTERNES MIKROFON ___

    SCHAUMSTOFFUNTERLAGE ___   ZÄHLWERK _____

    GRUNDGERÄUSCH AUS DEM RADIO ___ FREQUENZ _____ BAND _____

    BRUNNEN ___ GERÄUSCHKONSERVE ___ KEINE GERÄUSCHE ___ _____

ARCHIV CASSETTEN ___ ARCHIV COMPUTER ___

CASSETTEN NR. _____ DATEI _____

WER HAT SICH GEMELDET? _____

INFORMATIONEN, WIE DIMENSION/EBENE _____

GESTELLTE FRAGE _____

_____

_____

ERHALTENE ANTWORT _____

_____

_____

TONBANDSTIMMEN PROTOKOLL   NR. ___

DATUM _____

UHRZEIT _____

AUFNAHMEORT _____

MEIN NAME _____

ANWESENDE _____

_____

AUFNAHMEGERÄT _____

CASSETTEN RECORDER ___ TONBAND ___ DIKTIERGERÄT DIGITAL ___

DIKTIERGERÄT ANALOG ___ COMPUTER ___

AUF CASSETTE ANALOG ___ TONBAND ___ COMPUTER ___ SPEICHERKARTE ___

MP3 ___ WAF ___ _____

    EXTERNES MIKROFON ___

    SCHAUMSTOFFUNTERLAGE ___   ZÄHLWERK _____

    GRUNDGERÄUSCH AUS DEM RADIO ___ FREQUENZ _____ BAND _____

    BRUNNEN ___ GERÄUSCHKONSERVE ___ KEINE GERÄUSCHE ___ _____

ARCHIV CASSETTEN ___ ARCHIV COMPUTER ___

CASSETTEN NR. _____ DATEI _____

WER HAT SICH GEMELDET? _____

INFORMATIONEN, WIE DIMENSION/EBENE _____

GESTELLTE FRAGE _____

_____

_____

ERHALTENE ANTWORT _____

_____

_____

TONBANDSTIMMEN PROTOKOLL   NR. __

DATUM _____

UHRZEIT _____

AUFNAHMEORT _____

MEIN NAME _____

ANWESENDE _____

_____

AUFNAHMEGERÄT _____

CASSETTEN RECORDER ___ **TONBAND** ___ **DIKTIERGERÄT DIGITAL** ___

DIKTIERGERÄT ANALOG ___ **COMPUTER** ___

AUF CASSETTE ANALOG ___ **TONBAND** ___ **COMPUTER** ___ **SPEICHERKARTE** ___

MP3 ___ **WAF** ___ _____

    EXTERNES MIKROFON ___

    SCHAUMSTOFFUNTERLAGE ___   **ZÄHLWERK** _____

    GRUNDGERÄUSCH AUS DEM RADIO ___ **FREQUENZ** _____ **BAND** _____

    BRUNNEN ___ **GERÄUSCHKONSERVE** ___ **KEINE GERÄUSCHE** ___ _____

ARCHIV CASSETTEN ___ **ARCHIV COMPUTER** ___

CASSETTEN NR. _____ **DATEI** _____

WER HAT SICH GEMELDET? _____

INFORMATIONEN, WIE DIMENSION/EBENE _____

GESTELLTE FRAGE _____

_____

_____

ERHALTENE ANTWORT _____

_____

_____

TONBANDSTIMMEN PROTOKOLL   NR. ___

DATUM _____

UHRZEIT _____

AUFNAHMEORT _____

MEIN NAME _____

ANWESENDE _____

_____

AUFNAHMEGERÄT _____

CASSETTEN RECORDER ___ TONBAND ___ DIKTIERGERÄT DIGITAL ___

DIKTIERGERÄT ANALOG ___ COMPUTER ___

AUF CASSETTE ANALOG ___ TONBAND ___ COMPUTER ___ SPEICHERKARTE ___

MP3 ___ WAF ___ _____

   EXTERNES MIKROFON ___

   SCHAUMSTOFFUNTERLAGE ___   ZÄHLWERK _____

   GRUNDGERÄUSCH AUS DEM RADIO ___ FREQUENZ _____ BAND _____

   BRUNNEN ___ GERÄUSCHKONSERVE ___ KEINE GERÄUSCHE ___ _____

ARCHIV CASSETTEN ___ ARCHIV COMPUTER ___

CASSETTEN NR. _____ DATEI _____

WER HAT SICH GEMELDET? _____

INFORMATIONEN, WIE DIMENSION/EBENE _____

GESTELLTE FRAGE _____

_____

_____

ERHALTENE ANTWORT _____

_____

_____

TONBANDSTIMMEN PROTOKOLL   NR. __

DATUM _____

UHRZEIT _____

AUFNAHMEORT _____

MEIN NAME _____

ANWESENDE _____

_____

AUFNAHMEGERÄT _____

CASSETTEN RECORDER ___ TONBAND ___ DIKTIERGERÄT DIGITAL ___

DIKTIERGERÄT ANALOG ___ COMPUTER ___

AUF CASSETTE ANALOG ___ TONBAND ___ COMPUTER ___ SPEICHERKARTE ___

MP3 ___ WAF ___ _____

EXTERNES MIKROFON ___
SCHAUMSTOFFUNTERLAGE ___   ZÄHLWERK _____

GRUNDGERÄUSCH AUS DEM RADIO ___ FREQUENZ _____ BAND _____

BRUNNEN ___ GERÄUSCHKONSERVE ___ KEINE GERÄUSCHE ___ _____

ARCHIV CASSETTEN ___ ARCHIV COMPUTER ___

CASSETTEN NR. _____ DATEI _____

WER HAT SICH GEMELDET? _____

INFORMATIONEN, WIE DIMENSION/EBENE _____

GESTELLTE FRAGE _____

_____

_____

ERHALTENE ANTWORT _____

_____

_____

TONBANDSTIMMEN PROTOKOLL   NR. ___

DATUM _____

UHRZEIT _____

AUFNAHMEORT _____

MEIN NAME _____

ANWESENDE _____

_____

AUFNAHMEGERÄT _____
CASSETTEN RECORDER ___ TONBAND ___ DIKTIERGERÄT DIGITAL ___
DIKTIERGERÄT ANALOG ___ COMPUTER ___
AUF CASSETTE ANALOG ___ TONBAND ___ COMPUTER ___ SPEICHERKARTE ___
MP3 ___ WAF ___ _____

    EXTERNES MIKROFON ___
    SCHAUMSTOFFUNTERLAGE ___   ZÄHLWERK _____

    GRUNDGERÄUSCH AUS DEM RADIO ___ FREQUENZ _____ BAND _____
    BRUNNEN ___ GERÄUSCHKONSERVE ___ KEINE GERÄUSCHE ___ _____

ARCHIV CASSETTEN ___ ARCHIV COMPUTER ___
CASSETTEN NR. _____ DATEI _____

WER HAT SICH GEMELDET? _____

INFORMATIONEN, WIE DIMENSION/EBENE _____

GESTELLTE FRAGE _____

_____

_____

ERHALTENE ANTWORT _____

_____

_____

TONBANDSTIMMEN PROTOKOLL   NR. __

DATUM _____

UHRZEIT _____

AUFNAHMEORT _____

MEIN NAME _____

ANWESENDE _____

_____

AUFNAHMEGERÄT _____

CASSETTEN RECORDER ___ TONBAND ___ DIKTIERGERÄT DIGITAL ___

DIKTIERGERÄT ANALOG ___ COMPUTER ___

AUF CASSETTE ANALOG ___ TONBAND ___ COMPUTER ___ SPEICHERKARTE ___

MP3 ___ WAF ___ _____

    EXTERNES MIKROFON ___

    SCHAUMSTOFFUNTERLAGE ___   ZÄHLWERK _____

    GRUNDGERÄUSCH AUS DEM RADIO ___ FREQUENZ _____ BAND _____

    BRUNNEN ___ GERÄUSCHKONSERVE ___ KEINE GERÄUSCHE ___ _____

ARCHIV CASSETTEN ___ ARCHIV COMPUTER ___

CASSETTEN NR. _____ DATEI _____

WER HAT SICH GEMELDET? _____

INFORMATIONEN, WIE DIMENSION/EBENE _____

GESTELLTE FRAGE _____

_____

_____

ERHALTENE ANTWORT _____

_____

_____

TONBANDSTIMMEN PROTOKOLL   NR. __

DATUM _____

UHRZEIT _____

AUFNAHMEORT _____

MEIN NAME _____

ANWESENDE _____

_____

AUFNAHMEGERÄT _____

CASSETTEN RECORDER ___ TONBAND ___ DIKTIERGERÄT DIGITAL ___

DIKTIERGERÄT ANALOG ___ COMPUTER ___

AUF CASSETTE ANALOG ___ TONBAND ___ COMPUTER ___ SPEICHERKARTE ___

MP3 ___ WAF ___ _____

    EXTERNES MIKROFON ___

    SCHAUMSTOFFUNTERLAGE ___   ZÄHLWERK _____

    GRUNDGERÄUSCH AUS DEM RADIO ___ FREQUENZ _____ BAND _____

    BRUNNEN ___ GERÄUSCHKONSERVE ___ KEINE GERÄUSCHE ___ _____

ARCHIV CASSETTEN ___ ARCHIV COMPUTER ___

CASSETTEN NR. _____ DATEI _____

WER HAT SICH GEMELDET? _____

INFORMATIONEN, WIE DIMENSION/EBENE _____

GESTELLTE FRAGE _____

_____

_____

ERHALTENE ANTWORT _____

_____

_____

TONBANDSTIMMEN PROTOKOLL   NR. __

DATUM _____

UHRZEIT _____

AUFNAHMEORT _____

MEIN NAME _____

ANWESENDE _____

_____

AUFNAHMEGERÄT _____

CASSETTEN RECORDER ___ TONBAND ___ DIKTIERGERÄT DIGITAL ___

DIKTIERGERÄT ANALOG ___ COMPUTER ___

AUF CASSETTE ANALOG ___ TONBAND ___ COMPUTER ___ SPEICHERKARTE ___

MP3 ___ WAF ___ _____

    EXTERNES MIKROFON ___

    SCHAUMSTOFFUNTERLAGE ___   ZÄHLWERK _____

    GRUNDGERÄUSCH AUS DEM RADIO ___ FREQUENZ _____ BAND _____

    BRUNNEN ___ GERÄUSCHKONSERVE ___ KEINE GERÄUSCHE ___ _____

ARCHIV CASSETTEN ___ ARCHIV COMPUTER ___

CASSETTEN NR. _____ DATEI _____

WER HAT SICH GEMELDET? _____

INFORMATIONEN, WIE DIMENSION/EBENE _____

GESTELLTE FRAGE _____

_____

_____

ERHALTENE ANTWORT _____

_____

_____

TONBANDSTIMMEN PROTOKOLL   NR. ___

DATUM _____

UHRZEIT _____

AUFNAHMEORT _____

MEIN NAME _____

ANWESENDE _____

_____

AUFNAHMEGERÄT _____

CASSETTEN RECORDER ___ TONBAND ___ DIKTIERGERÄT DIGITAL ___

DIKTIERGERÄT ANALOG ___ COMPUTER ___

AUF CASSETTE ANALOG ___ TONBAND ___ COMPUTER ___ SPEICHERKARTE ___

MP3 ___ WAF ___ _____

    EXTERNES MIKROFON ___

    SCHAUMSTOFFUNTERLAGE ___   ZÄHLWERK _____

    GRUNDGERÄUSCH AUS DEM RADIO ___ FREQUENZ _____ BAND _____

    BRUNNEN ___ GERÄUSCHKONSERVE ___ KEINE GERÄUSCHE ___ _____

ARCHIV CASSETTEN ___ ARCHIV COMPUTER ___

CASSETTEN NR. _____ DATEI _____

WER HAT SICH GEMELDET? _____

INFORMATIONEN, WIE DIMENSION/EBENE _____

GESTELLTE FRAGE _____

_____

_____

ERHALTENE ANTWORT _____

_____

_____

TONBANDSTIMMEN PROTOKOLL   NR. __

DATUM _____

UHRZEIT _____

AUFNAHMEORT _____

MEIN NAME _____

ANWESENDE _____

_____

AUFNAHMEGERÄT _____

CASSETTEN RECORDER __ **TONBAND** __ **DIKTIERGERÄT DIGITAL** __

DIKTIERGERÄT ANALOG __ **COMPUTER** __

AUF CASSETTE ANALOG __ **TONBAND** __ **COMPUTER** __ **SPEICHERKARTE** __

MP3 __ **WAF** __ _____

EXTERNES MIKROFON __

SCHAUMSTOFFUNTERLAGE __   **ZÄHLWERK** _____

GRUNDGERÄUSCH AUS DEM RADIO __ **FREQUENZ** _____ **BAND** _____

BRUNNEN __ **GERÄUSCHKONSERVE** __ **KEINE GERÄUSCHE** __ _____

ARCHIV CASSETTEN __ **ARCHIV COMPUTER** __

CASSETTEN NR. _____ **DATEI** _____

WER HAT SICH GEMELDET? _____

INFORMATIONEN, WIE DIMENSION/EBENE _____

GESTELLTE FRAGE _____

_____

_____

ERHALTENE ANTWORT _____

_____

_____

TONBANDSTIMMEN PROTOKOLL   NR. __

DATUM _____

UHRZEIT _____

AUFNAHMEORT _____

MEIN NAME _____

ANWESENDE _____

_____

AUFNAHMEGERÄT _____

CASSETTEN RECORDER ___ TONBAND ___ DIKTIERGERÄT DIGITAL ___

DIKTIERGERÄT ANALOG ___ COMPUTER ___

AUF CASSETTE ANALOG ___ TONBAND ___ COMPUTER ___ SPEICHERKARTE ___

MP3 ___ WAF ___ _____

    EXTERNES MIKROFON ___

    SCHAUMSTOFFUNTERLAGE ___   ZÄHLWERK _____

    GRUNDGERÄUSCH AUS DEM RADIO ___ FREQUENZ _____ BAND _____

    BRUNNEN ___ GERÄUSCHKONSERVE ___ KEINE GERÄUSCHE ___ _____

ARCHIV CASSETTEN ___ ARCHIV COMPUTER ___

CASSETTEN NR. _____ DATEI _____

WER HAT SICH GEMELDET? _____

INFORMATIONEN, WIE DIMENSION/EBENE _____

GESTELLTE FRAGE _____

_____

_____

ERHALTENE ANTWORT _____

_____

_____

TONBANDSTIMMEN PROTOKOLL   NR. __

DATUM _____

UHRZEIT _____

AUFNAHMEORT _____

MEIN NAME _____

ANWESENDE _____

_____

AUFNAHMEGERÄT _____

CASSETTEN RECORDER ___ TONBAND ___ DIKTIERGERÄT DIGITAL ___

DIKTIERGERÄT ANALOG ___ COMPUTER ___

AUF CASSETTE ANALOG ___ TONBAND ___ COMPUTER ___ SPEICHERKARTE ___

MP3 ___ WAF ___ _____

    EXTERNES MIKROFON ___

    SCHAUMSTOFFUNTERLAGE ___   ZÄHLWERK _____

    GRUNDGERÄUSCH AUS DEM RADIO ___ FREQUENZ _____ BAND _____

    BRUNNEN ___ GERÄUSCHKONSERVE ___ KEINE GERÄUSCHE ___ _____

ARCHIV CASSETTEN ___ ARCHIV COMPUTER ___

CASSETTEN NR. _____ DATEI _____

WER HAT SICH GEMELDET? _____

INFORMATIONEN, WIE DIMENSION/EBENE _____

GESTELLTE FRAGE _____

_____

_____

ERHALTENE ANTWORT _____

_____

_____

TONBANDSTIMMEN PROTOKOLL   NR. __

DATUM _____

UHRZEIT _____

AUFNAHMEORT _____

MEIN NAME _____

ANWESENDE _____

_____

AUFNAHMEGERÄT _____

CASSETTEN RECORDER ___ TONBAND ___ DIKTIERGERÄT DIGITAL ___

DIKTIERGERÄT ANALOG ___ COMPUTER ___

AUF CASSETTE ANALOG ___ TONBAND ___ COMPUTER ___ SPEICHERKARTE ___

MP3 ___ WAF ___ _____

    EXTERNES MIKROFON ___

    SCHAUMSTOFFUNTERLAGE ___   ZÄHLWERK _____

    GRUNDGERÄUSCH AUS DEM RADIO ___ FREQUENZ _____ BAND _____

    BRUNNEN ___ GERÄUSCHKONSERVE ___ KEINE GERÄUSCHE ___ _____

ARCHIV CASSETTEN ___ ARCHIV COMPUTER ___

CASSETTEN NR. _____ DATEI _____

WER HAT SICH GEMELDET? _____

INFORMATIONEN, WIE DIMENSION/EBENE _____

GESTELLTE FRAGE _____

_____

_____

ERHALTENE ANTWORT _____

_____

_____

TONBANDSTIMMEN PROTOKOLL   NR. ___

DATUM _____

UHRZEIT _____

AUFNAHMEORT _____

MEIN NAME _____

ANWESENDE _____

_____

AUFNAHMEGERÄT _____

CASSETTEN RECORDER ___ TONBAND ___ DIKTIERGERÄT DIGITAL ___

DIKTIERGERÄT ANALOG ___ COMPUTER ___

AUF CASSETTE ANALOG ___ TONBAND ___ COMPUTER ___ SPEICHERKARTE ___

MP3 ___ WAF ___ _____

    EXTERNES MIKROFON ___

    SCHAUMSTOFFUNTERLAGE ___   ZÄHLWERK _____

    GRUNDGERÄUSCH AUS DEM RADIO ___ FREQUENZ _____ BAND _____

    BRUNNEN ___ GERÄUSCHKONSERVE ___ KEINE GERÄUSCHE ___ _____

ARCHIV CASSETTEN ___ ARCHIV COMPUTER ___

CASSETTEN NR. _____ DATEI _____

WER HAT SICH GEMELDET? _____

INFORMATIONEN, WIE DIMENSION/EBENE _____

GESTELLTE FRAGE _____

_____

_____

ERHALTENE ANTWORT _____

_____

_____

TONBANDSTIMMEN PROTOKOLL   NR. ___

DATUM _____

UHRZEIT _____

AUFNAHMEORT _____

MEIN NAME _____

ANWESENDE _____

_____

AUFNAHMEGERÄT _____

CASSETTEN RECORDER ___ TONBAND ___ DIKTIERGERÄT DIGITAL ___

DIKTIERGERÄT ANALOG ___ COMPUTER ___

AUF CASSETTE ANALOG ___ TONBAND ___ COMPUTER ___ SPEICHERKARTE ___

MP3 ___ WAF ___ _____

   EXTERNES MIKROFON ___

   SCHAUMSTOFFUNTERLAGE ___   ZÄHLWERK _____

   GRUNDGERÄUSCH AUS DEM RADIO ___ FREQUENZ _____ BAND _____

   BRUNNEN ___ GERÄUSCHKONSERVE ___ KEINE GERÄUSCHE ___ _____

ARCHIV CASSETTEN ___ ARCHIV COMPUTER ___

CASSETTEN NR. _____ DATEI _____

WER HAT SICH GEMELDET? _____

INFORMATIONEN, WIE DIMENSION/EBENE _____

GESTELLTE FRAGE _____

_____

_____

ERHALTENE ANTWORT _____

_____

_____

TONBANDSTIMMEN PROTOKOLL   NR. __

DATUM _____

UHRZEIT _____

AUFNAHMEORT _____

MEIN NAME _____

ANWESENDE _____

_____

AUFNAHMEGERÄT _____

CASSETTEN RECORDER ___ TONBAND ___ DIKTIERGERÄT DIGITAL ___

DIKTIERGERÄT ANALOG ___ COMPUTER ___

AUF CASSETTE ANALOG ___ TONBAND ___ COMPUTER ___ SPEICHERKARTE ___

MP3 ___ WAF ___ _____

EXTERNES MIKROFON ___
SCHAUMSTOFFUNTERLAGE ___   ZÄHLWERK _____

GRUNDGERÄUSCH AUS DEM RADIO ___ FREQUENZ _____ BAND _____

BRUNNEN ___ GERÄUSCHKONSERVE ___ KEINE GERÄUSCHE ___ _____

ARCHIV CASSETTEN ___ ARCHIV COMPUTER ___

CASSETTEN NR. _____ DATEI _____

WER HAT SICH GEMELDET? _____

INFORMATIONEN, WIE DIMENSION/EBENE _____

GESTELLTE FRAGE _____

_____

_____

ERHALTENE ANTWORT _____

_____

_____

TONBANDSTIMMEN PROTOKOLL   NR. ___

DATUM _____

UHRZEIT _____

AUFNAHMEORT _____

MEIN NAME _____

ANWESENDE _____

_____

AUFNAHMEGERÄT _____

CASSETTEN RECORDER ___ TONBAND ___ DIKTIERGERÄT DIGITAL ___

DIKTIERGERÄT ANALOG ___ COMPUTER ___

AUF CASSETTE ANALOG ___ TONBAND ___ COMPUTER ___ SPEICHERKARTE ___

MP3 ___ WAF ___ _____

    EXTERNES MIKROFON ___

    SCHAUMSTOFFUNTERLAGE ___   ZÄHLWERK _____

    GRUNDGERÄUSCH AUS DEM RADIO ___ FREQUENZ _____ BAND _____

    BRUNNEN ___ GERÄUSCHKONSERVE ___ KEINE GERÄUSCHE ___ _____

ARCHIV CASSETTEN ___ ARCHIV COMPUTER ___

CASSETTEN NR. _____ DATEI _____

WER HAT SICH GEMELDET? _____

INFORMATIONEN, WIE DIMENSION/EBENE _____

GESTELLTE FRAGE _____

_____

_____

ERHALTENE ANTWORT _____

_____

_____

TONBANDSTIMMEN PROTOKOLL   NR. ___

DATUM _____

UHRZEIT _____

AUFNAHMEORT _____

MEIN NAME _____

ANWESENDE _____
_____

AUFNAHMEGERÄT _____

CASSETTEN RECORDER ___ TONBAND ___ DIKTIERGERÄT DIGITAL ___

DIKTIERGERÄT ANALOG ___ COMPUTER ___

AUF CASSETTE ANALOG ___ TONBAND ___ COMPUTER ___ SPEICHERKARTE ___

MP3 ___ WAF ___ _____

    EXTERNES MIKROFON ___

    SCHAUMSTOFFUNTERLAGE ___   ZÄHLWERK _____

    GRUNDGERÄUSCH AUS DEM RADIO ___ FREQUENZ _____ BAND _____

    BRUNNEN ___ GERÄUSCHKONSERVE ___ KEINE GERÄUSCHE ___ _____

ARCHIV CASSETTEN ___ ARCHIV COMPUTER ___

CASSETTEN NR. _____ DATEI _____

WER HAT SICH GEMELDET? _____

INFORMATIONEN, WIE DIMENSION/EBENE _____

GESTELLTE FRAGE _____
_____
_____

ERHALTENE ANTWORT _____
_____
_____

TONBANDSTIMMEN PROTOKOLL NR. ___

DATUM _____

UHRZEIT _____

AUFNAHMEORT _____

MEIN NAME _____

ANWESENDE _____

_____

AUFNAHMEGERÄT _____

CASSETTEN RECORDER ___ TONBAND ___ DIKTIERGERÄT DIGITAL ___

DIKTIERGERÄT ANALOG ___ COMPUTER ___

AUF CASSETTE ANALOG ___ TONBAND ___ COMPUTER ___ SPEICHERKARTE ___

MP3 ___ WAF ___ _____

    EXTERNES MIKROFON ___

    SCHAUMSTOFFUNTERLAGE ___   ZÄHLWERK _____

    GRUNDGERÄUSCH AUS DEM RADIO ___ FREQUENZ _____ BAND _____

    BRUNNEN ___ GERÄUSCHKONSERVE ___ KEINE GERÄUSCHE ___ _____

ARCHIV CASSETTEN ___ ARCHIV COMPUTER ___

CASSETTEN NR. _____ DATEI _____

WER HAT SICH GEMELDET? _____

INFORMATIONEN, WIE DIMENSION/EBENE _____

GESTELLTE FRAGE _____

_____

_____

ERHALTENE ANTWORT _____

_____

_____

TONBANDSTIMMEN PROTOKOLL NR. ___

DATUM _____

UHRZEIT _____

AUFNAHMEORT _____

MEIN NAME _____

ANWESENDE _____

_____

AUFNAHMEGERÄT _____

CASSETTEN RECORDER ___ TONBAND ___ DIKTIERGERÄT DIGITAL ___

DIKTIERGERÄT ANALOG ___ COMPUTER ___

AUF CASSETTE ANALOG ___ TONBAND ___ COMPUTER ___ SPEICHERKARTE ___

MP3 ___ WAF ___ _____

EXTERNES MIKROFON ___
SCHAUMSTOFFUNTERLAGE ___   ZÄHLWERK _____

GRUNDGERÄUSCH AUS DEM RADIO ___ FREQUENZ _____ BAND _____

BRUNNEN ___ GERÄUSCHKONSERVE ___ KEINE GERÄUSCHE ___ _____

ARCHIV CASSETTEN ___ ARCHIV COMPUTER ___

CASSETTEN NR. _____ DATEI _____

WER HAT SICH GEMELDET? _____

INFORMATIONEN, WIE DIMENSION/EBENE _____

GESTELLTE FRAGE _____

_____

_____

ERHALTENE ANTWORT _____

_____

_____

TONBANDSTIMMEN PROTOKOLL   NR. ___

DATUM _____

UHRZEIT _____

AUFNAHMEORT _____

MEIN NAME _____

ANWESENDE _____

_____

AUFNAHMEGERÄT _____

CASSETTEN RECORDER ___ TONBAND ___ DIKTIERGERÄT DIGITAL ___

DIKTIERGERÄT ANALOG ___ COMPUTER ___

AUF CASSETTE ANALOG ___ TONBAND ___ COMPUTER ___ SPEICHERKARTE ___

MP3 ___ WAF ___ _____

    EXTERNES MIKROFON ___

    SCHAUMSTOFFUNTERLAGE ___   ZÄHLWERK _____

    GRUNDGERÄUSCH AUS DEM RADIO ___ FREQUENZ _____ BAND _____

    BRUNNEN ___ GERÄUSCHKONSERVE ___ KEINE GERÄUSCHE ___ _____

ARCHIV CASSETTEN ___ ARCHIV COMPUTER ___

CASSETTEN NR. _____ DATEI _____

WER HAT SICH GEMELDET? _____

INFORMATIONEN, WIE DIMENSION/EBENE _____

GESTELLTE FRAGE _____

_____

_____

ERHALTENE ANTWORT _____

_____

_____

TONBANDSTIMMEN PROTOKOLL   NR. ___

DATUM _____

UHRZEIT _____

AUFNAHMEORT _____

MEIN NAME _____

ANWESENDE _____
_____

AUFNAHMEGERÄT _____

CASSETTEN RECORDER ___ **TONBAND** ___ **DIKTIERGERÄT DIGITAL** ___

DIKTIERGERÄT ANALOG ___ **COMPUTER** ___

AUF CASSETTE ANALOG ___ **TONBAND** ___ **COMPUTER** ___ **SPEICHERKARTE** ___

MP3 ___ **WAF** ___ _____

    EXTERNES MIKROFON ___

    SCHAUMSTOFFUNTERLAGE ___   **ZÄHLWERK** _____

    GRUNDGERÄUSCH AUS DEM RADIO ___ **FREQUENZ** _____ **BAND** _____

    BRUNNEN ___ **GERÄUSCHKONSERVE** ___ **KEINE GERÄUSCHE** ___ _____

ARCHIV CASSETTEN ___ **ARCHIV COMPUTER** ___

CASSETTEN NR. _____ **DATEI** _____

WER HAT SICH GEMELDET? _____

INFORMATIONEN, WIE DIMENSION/EBENE _____

GESTELLTE FRAGE _____
_____
_____

ERHALTENE ANTWORT _____
_____
_____

TONBANDSTIMMEN PROTOKOLL   NR. ___

DATUM _____

UHRZEIT _____

AUFNAHMEORT _____

MEIN NAME _____

ANWESENDE _____

_____

AUFNAHMEGERÄT _____

CASSETTEN RECORDER ___ TONBAND ___ DIKTIERGERÄT DIGITAL ___

DIKTIERGERÄT ANALOG ___ COMPUTER ___

AUF CASSETTE ANALOG ___ TONBAND ___ COMPUTER ___ SPEICHERKARTE ___

MP3 ___ WAF ___ _____

    EXTERNES MIKROFON ___

    SCHAUMSTOFFUNTERLAGE ___   ZÄHLWERK _____

    GRUNDGERÄUSCH AUS DEM RADIO ___ FREQUENZ _____ BAND _____

    BRUNNEN ___ GERÄUSCHKONSERVE ___ KEINE GERÄUSCHE ___ _____

ARCHIV CASSETTEN ___ ARCHIV COMPUTER ___

CASSETTEN NR. _____ DATEI _____

WER HAT SICH GEMELDET? _____

INFORMATIONEN, WIE DIMENSION/EBENE _____

GESTELLTE FRAGE _____

_____

_____

ERHALTENE ANTWORT _____

_____

_____

TONBANDSTIMMEN PROTOKOLL   NR. __

DATUM _____

UHRZEIT _____

AUFNAHMEORT _____

MEIN NAME _____

ANWESENDE _____

_____

AUFNAHMEGERÄT _____

CASSETTEN RECORDER ___ TONBAND ___ DIKTIERGERÄT DIGITAL ___

DIKTIERGERÄT ANALOG ___ COMPUTER ___

AUF CASSETTE ANALOG ___ TONBAND ___ COMPUTER ___ SPEICHERKARTE ___

MP3 ___ WAF ___ _____

    EXTERNES MIKROFON ___

    SCHAUMSTOFFUNTERLAGE ___   ZÄHLWERK _____

    GRUNDGERÄUSCH AUS DEM RADIO ___ FREQUENZ _____ BAND _____

    BRUNNEN ___ GERÄUSCHKONSERVE ___ KEINE GERÄUSCHE ___ _____

ARCHIV CASSETTEN ___ ARCHIV COMPUTER ___

CASSETTEN NR. _____ DATEI _____

WER HAT SICH GEMELDET? _____

INFORMATIONEN, WIE DIMENSION/EBENE _____

GESTELLTE FRAGE _____

_____

_____

ERHALTENE ANTWORT _____

_____

_____

TONBANDSTIMMEN PROTOKOLL   NR. ___

DATUM _____

UHRZEIT _____

AUFNAHMEORT _____

MEIN NAME _____

ANWESENDE _____

_____

AUFNAHMEGERÄT _____

CASSETTEN RECORDER ___ TONBAND ___ DIKTIERGERÄT DIGITAL ___

DIKTIERGERÄT ANALOG ___ COMPUTER ___

AUF CASSETTE ANALOG ___ TONBAND ___ COMPUTER ___ SPEICHERKARTE ___

MP3 ___ WAF ___ _____

EXTERNES MIKROFON ___

SCHAUMSTOFFUNTERLAGE ___   ZÄHLWERK _____

GRUNDGERÄUSCH AUS DEM RADIO ___ FREQUENZ _____ BAND _____

BRUNNEN ___ GERÄUSCHKONSERVE ___ KEINE GERÄUSCHE ___ _____

ARCHIV CASSETTEN ___ ARCHIV COMPUTER ___

CASSETTEN NR. _____ DATEI _____

WER HAT SICH GEMELDET? _____

INFORMATIONEN, WIE DIMENSION/EBENE _____

GESTELLTE FRAGE _____

_____

_____

ERHALTENE ANTWORT _____

_____

_____

TONBANDSTIMMEN PROTOKOLL   NR. ___

DATUM _____

UHRZEIT _____

AUFNAHMEORT _____

MEIN NAME _____

ANWESENDE _____

_____

AUFNAHMEGERÄT _____

CASSETTEN RECORDER ___ TONBAND ___ DIKTIERGERÄT DIGITAL ___

DIKTIERGERÄT ANALOG ___ COMPUTER ___

AUF CASSETTE ANALOG ___ TONBAND ___ COMPUTER ___ SPEICHERKARTE ___

MP3 ___ WAF ___ _____

    EXTERNES MIKROFON ___

    SCHAUMSTOFFUNTERLAGE ___   ZÄHLWERK _____

    GRUNDGERÄUSCH AUS DEM RADIO ___ FREQUENZ _____ BAND _____

    BRUNNEN ___ GERÄUSCHKONSERVE ___ KEINE GERÄUSCHE ___ _____

ARCHIV CASSETTEN ___ ARCHIV COMPUTER ___

CASSETTEN NR. _____ DATEI _____

WER HAT SICH GEMELDET? _____

INFORMATIONEN, WIE DIMENSION/EBENE _____

GESTELLTE FRAGE _____

_____

_____

ERHALTENE ANTWORT _____

_____

_____

TONBANDSTIMMEN PROTOKOLL   NR. __

DATUM _____

UHRZEIT _____

AUFNAHMEORT _____

MEIN NAME _____

ANWESENDE _____

_____

AUFNAHMEGERÄT _____

CASSETTEN RECORDER ___ TONBAND ___ DIKTIERGERÄT DIGITAL ___

DIKTIERGERÄT ANALOG ___ COMPUTER ___

AUF CASSETTE ANALOG ___ TONBAND ___ COMPUTER ___ SPEICHERKARTE ___

MP3 ___ WAF ___ _____

    EXTERNES MIKROFON ___

    SCHAUMSTOFFUNTERLAGE ___   ZÄHLWERK _____

    GRUNDGERÄUSCH AUS DEM RADIO ___ FREQUENZ _____ BAND _____

    BRUNNEN ___ GERÄUSCHKONSERVE ___ KEINE GERÄUSCHE ___ _____

ARCHIV CASSETTEN ___ ARCHIV COMPUTER ___

CASSETTEN NR. _____ DATEI _____

WER HAT SICH GEMELDET? _____

INFORMATIONEN, WIE DIMENSION/EBENE _____

GESTELLTE FRAGE _____

_____

_____

ERHALTENE ANTWORT _____

_____

_____

TONBANDSTIMMEN PROTOKOLL   NR. __

DATUM _____

UHRZEIT _____

AUFNAHMEORT _____

MEIN NAME _____

ANWESENDE _____

_____

AUFNAHMEGERÄT _____

CASSETTEN RECORDER ___ TONBAND ___ DIKTIERGERÄT DIGITAL ___

DIKTIERGERÄT ANALOG ___ COMPUTER ___

AUF CASSETTE ANALOG ___ TONBAND ___ COMPUTER ___ SPEICHERKARTE ___

MP3 ___ WAF ___ _____

   EXTERNES MIKROFON ___

   SCHAUMSTOFFUNTERLAGE ___   ZÄHLWERK _____

   GRUNDGERÄUSCH AUS DEM RADIO ___ FREQUENZ _____ BAND _____

   BRUNNEN ___ GERÄUSCHKONSERVE ___ KEINE GERÄUSCHE ___ _____

ARCHIV CASSETTEN ___ ARCHIV COMPUTER ___

CASSETTEN NR. _____ DATEI _____

WER HAT SICH GEMELDET? _____

INFORMATIONEN, WIE DIMENSION/EBENE _____

GESTELLTE FRAGE _____

_____

_____

ERHALTENE ANTWORT _____

_____

_____

TONBANDSTIMMEN PROTOKOLL NR. ___

DATUM _____

UHRZEIT _____

AUFNAHMEORT _____

MEIN NAME _____

ANWESENDE _____
_____

AUFNAHMEGERÄT _____

CASSETTEN RECORDER ___ TONBAND ___ DIKTIERGERÄT DIGITAL ___

DIKTIERGERÄT ANALOG ___ COMPUTER ___

AUF CASSETTE ANALOG ___ TONBAND ___ COMPUTER ___ SPEICHERKARTE ___

MP3 ___ WAF ___ _____

    EXTERNES MIKROFON ___

    SCHAUMSTOFFUNTERLAGE ___   ZÄHLWERK _____

    GRUNDGERÄUSCH AUS DEM RADIO ___ FREQUENZ _____ BAND _____

    BRUNNEN ___ GERÄUSCHKONSERVE ___ KEINE GERÄUSCHE ___ _____

ARCHIV CASSETTEN ___ ARCHIV COMPUTER ___

CASSETTEN NR. _____ DATEI _____

WER HAT SICH GEMELDET? _____

INFORMATIONEN, WIE DIMENSION/EBENE _____

GESTELLTE FRAGE _____

_____

_____

ERHALTENE ANTWORT _____

_____

_____

TONBANDSTIMMEN PROTOKOLL NR. __

DATUM _____

UHRZEIT _____

AUFNAHMEORT _____

MEIN NAME _____

ANWESENDE _____
_____

AUFNAHMEGERÄT _____

CASSETTEN RECORDER ___ TONBAND ___ DIKTIERGERÄT DIGITAL ___

DIKTIERGERÄT ANALOG ___ COMPUTER ___

AUF CASSETTE ANALOG ___ TONBAND ___ COMPUTER ___ SPEICHERKARTE ___

MP3 ___ WAF ___ _____

    EXTERNES MIKROFON ___

    SCHAUMSTOFFUNTERLAGE ___   ZÄHLWERK _____

    GRUNDGERÄUSCH AUS DEM RADIO ___ FREQUENZ _____ BAND _____

    BRUNNEN ___ GERÄUSCHKONSERVE ___ KEINE GERÄUSCHE ___ _____

ARCHIV CASSETTEN ___ ARCHIV COMPUTER ___

CASSETTEN NR. _____ DATEI _____

WER HAT SICH GEMELDET? _____

INFORMATIONEN, WIE DIMENSION/EBENE _____

GESTELLTE FRAGE _____

_____

_____

ERHALTENE ANTWORT _____

_____

_____

TONBANDSTIMMEN PROTOKOLL   NR. __

DATUM _____

UHRZEIT _____

AUFNAHMEORT _____

MEIN NAME _____

ANWESENDE _____

_____

AUFNAHMEGERÄT _____

CASSETTEN RECORDER ___ TONBAND ___ DIKTIERGERÄT DIGITAL ___

DIKTIERGERÄT ANALOG ___ COMPUTER ___

AUF CASSETTE ANALOG ___ TONBAND ___ COMPUTER ___ SPEICHERKARTE ___

MP3 ___ WAF ___ _____

    EXTERNES MIKROFON ___

    SCHAUMSTOFFUNTERLAGE ___   ZÄHLWERK _____

    GRUNDGERÄUSCH AUS DEM RADIO ___ FREQUENZ _____ BAND _____

    BRUNNEN ___ GERÄUSCHKONSERVE ___ KEINE GERÄUSCHE ___ _____

ARCHIV CASSETTEN ___ ARCHIV COMPUTER ___

CASSETTEN NR. _____ DATEI _____

WER HAT SICH GEMELDET? _____

INFORMATIONEN, WIE DIMENSION/EBENE _____

GESTELLTE FRAGE _____

_____

_____

ERHALTENE ANTWORT _____

_____

_____

TONBANDSTIMMEN PROTOKOLL   NR. __

DATUM _____

UHRZEIT _____

AUFNAHMEORT _____

MEIN NAME _____

ANWESENDE _____

_____

AUFNAHMEGERÄT _____

CASSETTEN RECORDER __ TONBAND __ DIKTIERGERÄT DIGITAL __

DIKTIERGERÄT ANALOG __ COMPUTER __

AUF CASSETTE ANALOG __ TONBAND __ COMPUTER __ SPEICHERKARTE __

MP3 __ WAF __ _____

    EXTERNES MIKROFON __

    SCHAUMSTOFFUNTERLAGE __   ZÄHLWERK _____

    GRUNDGERÄUSCH AUS DEM RADIO __ FREQUENZ _____ BAND _____

    BRUNNEN __ GERÄUSCHKONSERVE __ KEINE GERÄUSCHE __ _____

ARCHIV CASSETTEN __ ARCHIV COMPUTER __

CASSETTEN NR. _____ DATEI _____

WER HAT SICH GEMELDET? _____

INFORMATIONEN, WIE DIMENSION/EBENE _____

GESTELLTE FRAGE _____

_____

_____

ERHALTENE ANTWORT _____

_____

_____

TONBANDSTIMMEN PROTOKOLL NR. ___

DATUM _____

UHRZEIT _____

AUFNAHMEORT _____

MEIN NAME _____

ANWESENDE _____

_____

AUFNAHMEGERÄT _____

CASSETTEN RECORDER ___ TONBAND ___ DIKTIERGERÄT DIGITAL ___

DIKTIERGERÄT ANALOG ___ COMPUTER ___

AUF CASSETTE ANALOG ___ TONBAND ___ COMPUTER ___ SPEICHERKARTE ___

MP3 ___ WAF ___ _____

    EXTERNES MIKROFON ___

    SCHAUMSTOFFUNTERLAGE ___   ZÄHLWERK _____

    GRUNDGERÄUSCH AUS DEM RADIO ___ FREQUENZ _____ BAND _____

    BRUNNEN ___ GERÄUSCHKONSERVE ___ KEINE GERÄUSCHE ___ _____

ARCHIV CASSETTEN ___ ARCHIV COMPUTER ___

CASSETTEN NR. _____ DATEI _____

WER HAT SICH GEMELDET? _____

INFORMATIONEN, WIE DIMENSION/EBENE _____

GESTELLTE FRAGE _____

_____

_____

ERHALTENE ANTWORT _____

_____

_____

TONBANDSTIMMEN PROTOKOLL   NR. ___

DATUM _____

UHRZEIT _____

AUFNAHMEORT _____

MEIN NAME _____

ANWESENDE _____

_____

AUFNAHMEGERÄT _____

CASSETTEN RECORDER ___ **TONBAND** ___ **DIKTIERGERÄT DIGITAL** ___

DIKTIERGERÄT ANALOG ___ **COMPUTER** ___

AUF CASSETTE ANALOG ___ **TONBAND** ___ **COMPUTER** ___ **SPEICHERKARTE** ___

MP3 ___ **WAF** ___ _____

EXTERNES MIKROFON ___
SCHAUMSTOFFUNTERLAGE ___   **ZÄHLWERK** _____

GRUNDGERÄUSCH AUS DEM RADIO ___ **FREQUENZ** _____ **BAND** _____

BRUNNEN ___ **GERÄUSCHKONSERVE** ___ **KEINE GERÄUSCHE** ___ _____

ARCHIV CASSETTEN ___ **ARCHIV COMPUTER** ___

CASSETTEN NR. _____ **DATEI** _____

WER HAT SICH GEMELDET? _____

INFORMATIONEN, WIE DIMENSION/EBENE _____

GESTELLTE FRAGE _____

_____

_____

ERHALTENE ANTWORT _____

_____

_____

TONBANDSTIMMEN PROTOKOLL   NR. ___

DATUM _____

UHRZEIT _____

AUFNAHMEORT _____

MEIN NAME _____

ANWESENDE _____

_____

AUFNAHMEGERÄT _____

CASSETTEN RECORDER ___ TONBAND ___ DIKTIERGERÄT DIGITAL ___

DIKTIERGERÄT ANALOG ___ COMPUTER ___

AUF CASSETTE ANALOG ___ TONBAND ___ COMPUTER ___ SPEICHERKARTE ___

MP3 ___ WAF ___ _____

    EXTERNES MIKROFON ___

    SCHAUMSTOFFUNTERLAGE ___   ZÄHLWERK _____

    GRUNDGERÄUSCH AUS DEM RADIO ___ FREQUENZ _____ BAND _____

    BRUNNEN ___ GERÄUSCHKONSERVE ___ KEINE GERÄUSCHE ___ _____

ARCHIV CASSETTEN ___ ARCHIV COMPUTER ___

CASSETTEN NR. _____ DATEI _____

WER HAT SICH GEMELDET? _____

INFORMATIONEN, WIE DIMENSION/EBENE _____

GESTELLTE FRAGE _____

_____

_____

ERHALTENE ANTWORT _____

_____

_____

TONBANDSTIMMEN PROTOKOLL NR. __

DATUM _____

UHRZEIT _____

AUFNAHMEORT _____

MEIN NAME _____

ANWESENDE _____

_____

AUFNAHMEGERÄT _____

CASSETTEN RECORDER ___ TONBAND ___ DIKTIERGERÄT DIGITAL ___

DIKTIERGERÄT ANALOG ___ COMPUTER ___

AUF CASSETTE ANALOG ___ TONBAND ___ COMPUTER ___ SPEICHERKARTE ___

MP3 ___ WAF ___ _____

    EXTERNES MIKROFON ___

    SCHAUMSTOFFUNTERLAGE ___   ZÄHLWERK _____

    GRUNDGERÄUSCH AUS DEM RADIO ___ FREQUENZ _____ BAND _____

    BRUNNEN ___ GERÄUSCHKONSERVE ___ KEINE GERÄUSCHE ___ _____

ARCHIV CASSETTEN ___ ARCHIV COMPUTER ___

CASSETTEN NR. _____ DATEI _____

WER HAT SICH GEMELDET? _____

INFORMATIONEN, WIE DIMENSION/EBENE _____

GESTELLTE FRAGE _____

_____

_____

ERHALTENE ANTWORT _____

_____

_____

TONBANDSTIMMEN PROTOKOLL   NR. ___

DATUM _____

UHRZEIT _____

AUFNAHMEORT _____

MEIN NAME _____

ANWESENDE _____

_____

AUFNAHMEGERÄT _____

CASSETTEN RECORDER ___ TONBAND ___ DIKTIERGERÄT DIGITAL ___

DIKTIERGERÄT ANALOG ___ COMPUTER ___

AUF CASSETTE ANALOG ___ TONBAND ___ COMPUTER ___ SPEICHERKARTE ___

MP3 ___ WAF ___ _____

    EXTERNES MIKROFON ___

    SCHAUMSTOFFUNTERLAGE ___   ZÄHLWERK _____

    GRUNDGERÄUSCH AUS DEM RADIO ___ FREQUENZ _____ BAND _____

    BRUNNEN ___ GERÄUSCHKONSERVE ___ KEINE GERÄUSCHE ___ _____

ARCHIV CASSETTEN ___ ARCHIV COMPUTER ___

CASSETTEN NR. _____ DATEI _____

WER HAT SICH GEMELDET? _____

INFORMATIONEN, WIE DIMENSION/EBENE _____

GESTELLTE FRAGE _____

_____

_____

ERHALTENE ANTWORT _____

_____

_____

TONBANDSTIMMEN PROTOKOLL   NR. __

DATUM _____

UHRZEIT _____

AUFNAHMEORT _____

MEIN NAME _____

ANWESENDE _____

_____

AUFNAHMEGERÄT _____

CASSETTEN RECORDER ___ TONBAND ___ DIKTIERGERÄT DIGITAL ___

DIKTIERGERÄT ANALOG ___ COMPUTER ___

AUF CASSETTE ANALOG ___ TONBAND ___ COMPUTER ___ SPEICHERKARTE ___

MP3 ___ WAF ___ _____

    EXTERNES MIKROFON ___

    SCHAUMSTOFFUNTERLAGE ___   ZÄHLWERK _____

    GRUNDGERÄUSCH AUS DEM RADIO ___ FREQUENZ _____ BAND _____

    BRUNNEN ___ GERÄUSCHKONSERVE ___ KEINE GERÄUSCHE ___ _____

ARCHIV CASSETTEN ___ ARCHIV COMPUTER ___

CASSETTEN NR. _____ DATEI _____

WER HAT SICH GEMELDET? _____

INFORMATIONEN, WIE DIMENSION/EBENE _____

GESTELLTE FRAGE _____

_____

_____

ERHALTENE ANTWORT _____

_____

_____

TONBANDSTIMMEN PROTOKOLL   NR. ___

DATUM _____

UHRZEIT _____

AUFNAHMEORT _____

MEIN NAME _____

ANWESENDE _____
_____

AUFNAHMEGERÄT _____

CASSETTEN RECORDER ___ TONBAND ___ DIKTIERGERÄT DIGITAL ___

DIKTIERGERÄT ANALOG ___ COMPUTER ___

AUF CASSETTE ANALOG ___ TONBAND ___ COMPUTER ___ SPEICHERKARTE ___

MP3 ___ WAF ___ _____

    EXTERNES MIKROFON ___

    SCHAUMSTOFFUNTERLAGE ___   ZÄHLWERK _____

    GRUNDGERÄUSCH AUS DEM RADIO ___ FREQUENZ _____ BAND _____

    BRUNNEN ___ GERÄUSCHKONSERVE ___ KEINE GERÄUSCHE ___ _____

ARCHIV CASSETTEN ___ ARCHIV COMPUTER ___

CASSETTEN NR. _____ DATEI _____

WER HAT SICH GEMELDET? _____

INFORMATIONEN, WIE DIMENSION/EBENE _____

GESTELLTE FRAGE _____

_____

_____

ERHALTENE ANTWORT _____

_____

_____

TONBANDSTIMMEN PROTOKOLL   NR. __

DATUM _____

UHRZEIT _____

AUFNAHMEORT _____

MEIN NAME _____

ANWESENDE _____

_____

AUFNAHMEGERÄT _____

CASSETTEN RECORDER ___ TONBAND ___ DIKTIERGERÄT DIGITAL ___

DIKTIERGERÄT ANALOG ___ COMPUTER ___

AUF CASSETTE ANALOG ___ TONBAND ___ COMPUTER ___ SPEICHERKARTE ___

MP3 ___ WAF ___ _____

    EXTERNES MIKROFON ___
    SCHAUMSTOFFUNTERLAGE ___   ZÄHLWERK _____

    GRUNDGERÄUSCH AUS DEM RADIO ___ FREQUENZ _____ BAND _____

    BRUNNEN ___ GERÄUSCHKONSERVE ___ KEINE GERÄUSCHE ___ _____

ARCHIV CASSETTEN ___ ARCHIV COMPUTER ___

CASSETTEN NR. _____ DATEI _____

WER HAT SICH GEMELDET? _____

INFORMATIONEN, WIE DIMENSION/EBENE _____

GESTELLTE FRAGE _____

_____

_____

ERHALTENE ANTWORT _____

_____

_____

TONBANDSTIMMEN PROTOKOLL   NR. __

DATUM _____

UHRZEIT _____

AUFNAHMEORT _____

MEIN NAME _____

ANWESENDE _____

_____

AUFNAHMEGERÄT _____

CASSETTEN RECORDER __ TONBAND __ DIKTIERGERÄT DIGITAL __

DIKTIERGERÄT ANALOG __ COMPUTER __

AUF CASSETTE ANALOG __ TONBAND __ COMPUTER __ SPEICHERKARTE __

MP3 __ WAF __ _____

EXTERNES MIKROFON __
SCHAUMSTOFFUNTERLAGE __   ZÄHLWERK _____

GRUNDGERÄUSCH AUS DEM RADIO __ FREQUENZ _____ BAND _____
BRUNNEN __ GERÄUSCHKONSERVE __ KEINE GERÄUSCHE __ _____

ARCHIV CASSETTEN __ ARCHIV COMPUTER __

CASSETTEN NR. _____ DATEI _____

WER HAT SICH GEMELDET? _____

INFORMATIONEN, WIE DIMENSION/EBENE _____

GESTELLTE FRAGE _____

_____

_____

ERHALTENE ANTWORT _____

_____

_____

TONBANDSTIMMEN PROTOKOLL   NR. ___

DATUM _____

UHRZEIT _____

AUFNAHMEORT _____

MEIN NAME _____

ANWESENDE _____
_____

AUFNAHMEGERÄT _____

CASSETTEN RECORDER ___ TONBAND ___ DIKTIERGERÄT DIGITAL ___

DIKTIERGERÄT ANALOG ___ COMPUTER ___

AUF CASSETTE ANALOG ___ TONBAND ___ COMPUTER ___ SPEICHERKARTE ___

MP3 ___ WAF ___ _____

   EXTERNES MIKROFON ___

   SCHAUMSTOFFUNTERLAGE ___   ZÄHLWERK _____

   GRUNDGERÄUSCH AUS DEM RADIO ___ FREQUENZ _____ BAND _____

   BRUNNEN ___ GERÄUSCHKONSERVE ___ KEINE GERÄUSCHE ___ _____

ARCHIV CASSETTEN ___ ARCHIV COMPUTER ___

CASSETTEN NR. _____ DATEI _____

WER HAT SICH GEMELDET? _____

INFORMATIONEN, WIE DIMENSION/EBENE _____

GESTELLTE FRAGE _____

_____

_____

ERHALTENE ANTWORT _____

_____

_____

TONBANDSTIMMEN PROTOKOLL NR. ___

DATUM _____

UHRZEIT _____

AUFNAHMEORT _____

MEIN NAME _____

ANWESENDE _____

_____

AUFNAHMEGERÄT _____

CASSETTEN RECORDER ___ **TONBAND** ___ **DIKTIERGERÄT DIGITAL** ___

DIKTIERGERÄT ANALOG ___ **COMPUTER** ___

AUF CASSETTE ANALOG ___ **TONBAND** ___ **COMPUTER** ___ **SPEICHERKARTE** ___

MP3 ___ **WAF** ___ _____

    EXTERNES MIKROFON ___

    SCHAUMSTOFFUNTERLAGE ___   **ZÄHLWERK** _____

    GRUNDGERÄUSCH AUS DEM RADIO ___ **FREQUENZ** _____ **BAND** _____

    BRUNNEN ___ **GERÄUSCHKONSERVE** ___ **KEINE GERÄUSCHE** ___ _____

ARCHIV CASSETTEN ___ **ARCHIV COMPUTER** ___

CASSETTEN NR. _____ **DATEI** _____

WER HAT SICH GEMELDET? _____

INFORMATIONEN, WIE DIMENSION/EBENE _____

GESTELLTE FRAGE _____

_____

_____

ERHALTENE ANTWORT _____

_____

_____

TONBANDSTIMMEN PROTOKOLL   NR. __

DATUM _____

UHRZEIT _____

AUFNAHMEORT _____

MEIN NAME _____

ANWESENDE _____
_____

AUFNAHMEGERÄT _____

CASSETTEN RECORDER ___ TONBAND ___ DIKTIERGERÄT DIGITAL ___

DIKTIERGERÄT ANALOG ___ COMPUTER ___

AUF CASSETTE ANALOG ___ TONBAND ___ COMPUTER ___ SPEICHERKARTE ___

MP3 ___ WAF ___ _____

    EXTERNES MIKROFON ___

    SCHAUMSTOFFUNTERLAGE ___   ZÄHLWERK _____

    GRUNDGERÄUSCH AUS DEM RADIO ___ FREQUENZ _____ BAND _____

    BRUNNEN ___ GERÄUSCHKONSERVE ___ KEINE GERÄUSCHE ___ _____

ARCHIV CASSETTEN ___ ARCHIV COMPUTER ___

CASSETTEN NR. _____ DATEI _____

WER HAT SICH GEMELDET? _____

INFORMATIONEN, WIE DIMENSION/EBENE _____

GESTELLTE FRAGE _____
_____
_____

ERHALTENE ANTWORT _____
_____
_____

Eigene Erlebnisse

Datum Uhrzeit Erscheinung

Eigene Erlebnisse

Datum Uhrzeit Erscheinung

Datum Uhrzeit Erscheinung

Eigene Erlebnisse

Datum Uhrzeit Erscheinung

Eigene Erlebnisse

Datum Uhrzeit Erscheinung

Eigene Erlebnisse

Datum Uhrzeit Erscheinung

Eigene Erlebnisse

Datum Uhrzeit Erscheinung

Eigene Erlebnisse

Datum Uhrzeit Erscheinung

Eigene Erlebnisse

Datum Uhrzeit Erscheinung

Eigene Erlebnisse

Datum Uhrzeit Erscheinung

Eigene Erlebnisse

Datum Uhrzeit Erscheinung

Eigene Erlebnisse

Datum Uhrzeit Erscheinung

Eigene Erlebnisse

Datum Uhrzeit Erscheinung

Eigene Erlebnisse

Datum Uhrzeit Erscheinung

Eigene Erlebnisse

Datum Uhrzeit Erscheinung

Eigene Erlebnisse

Datum Uhrzeit Erscheinung

Eigene Erlebnisse

Datum Uhrzeit Erscheinung

Eigene Erlebnisse

Datum Uhrzeit Erscheinung

Eigene Erlebnisse

Datum Uhrzeit Erscheinung

Eigene Erlebnisse

Datum Uhrzeit Erscheinung